Herausgeber: Ray Adam

120 Jahre Einwecken

Die Kunst des Sterilisierens

Nach einem alten Buch meiner Oma aus dem Jahr 1904

für Karin

120 Jahre Einwecken

Einbandgestaltung und Design: Karin Bahr und Raymond Adam
Gesetzt mit Papyrus Author V der R.O.M logicware, Berlin
Progressive deutsche Rechtschreibung nach Dudenempfehlung
Gesetzt aus der 12,0 Punkt Kleist Fraktur
Lektorat und Korrektorat: Raymond Adam
Textlayout und Satz: Raymond Adam

Verlag: BoD · Books on Demand GmbH,
In de Tarpen 42, 22848 Norderstedt
Druck : Libri Plureos GmbH,
Friedensallee 273, 22763 Hamburg

ISBN: 978-3-7693-1436-6

Siehe auch Autorenseiten:
www.schattenmaechte.de
www.schattenmächte.de

Inhalt

Inhalt

Inhalt

Inhalt

Vorwort

Meine älteste Erinnerung an das »Einmachen« reicht zurück ins Jahr 1960, als ich sechs Jahre alt war. Am Morgen eines schönen Sommertages baute mein Opa auf unserem Hof eine Feuerstelle aus mehreren großen Feldsteinen auf. Darauf stellte er einen großen Einkochtopf, füllte diesen mithilfe seines Regenschlauchs mit Wasser und zündete dann das Holz und Buschwerk an, das in der Feuerstelle steckte.

So wuchs ich auf mit Eingemachtem, das nahezu ausnahmslos aus dem riesigen Garten meiner Großeltern stammte. Natürlich fiel mir auf, dass hinter dem ganzen Einmachgeschäft ein irrer Aufwand steckt, aber dafür erhält man wunderbares Essen, das täglich verfügbar ist, weil es in Omas unendlichen Regalen im Keller steht, neben Obstsäften und anderen konservierten Vorräten. Immerhin war es meinen Großeltern auf diese Weise gelungen, ihre Familie durch die sechs Jahre des Zweiten Weltkriegs zu bringen, ohne dass ein Familienmitglied hätte Hunger leiden müssen.

Meine Oma starb 1983. In ihrem Nachlass befand sich ein Heftchen über das Einmachen, das im Jahr 1904 gedruckt worden war. Dieses wiederum stand bis zum Jahr 2011 ungenutzt in meinem Bücherregal und zerfiel mehr von Jahr zu Jahr. 2011 scannte ich das Büchlein, das kurz vor dem endgültigen Zerfall stand, komplett ein, extrahierte die Grafiken und passte den Text den heute gültigen Rechtschreibregeln an. Dann vergaß ich das Projekt, bevor es fertig war. Nur durch Zufall überlebten die Dateien auf einer Sicherungsfestplatte bis heute. Und nun ist es soweit: ich gebe dieses alte Buch wieder heraus, und das hat seinen Grund, denn:

Wir finden in diesem Buch Erkenntnisse über unsere Nahrung, die wenigstens 120 Jahre alt sind, aus dem neunzehnten Jahrhundert stammen und heute vielfach in Vergessenheit geraten sind. Ein Beispiel: auf den Seiten 26ff. zum Frischhaltungsprozess finden wir folgenden Eintrag:

> *... Pflanzen, welche stark getrieben sind, namentlich durch Fäkaldünger oder Jauche, eignen sich <u>nicht</u> zum Frischhalten, da sie sowohl an Haltbarkeit wie namentlich auch an Aussehen und Geschmack wesentliche Einbußen erleiden. ...*

Moment! Das bedeutet, mit Fakalien und Gülle (Jauche) gedüngte Pflanzen sind prinzipiell als minderwertige Lebensmittel einzustufen, welche ein Mensch aus dem neunzehnten Jahrhundert (1800 - 1899) bereits auf den ersten Blick am Aussehen und am Geschmack erkannt hätte! Wow!

Im weitesten Sinne ist das Einmachen eine Kriegswaffe, deren Entwicklung der irre, französische Diktator Napoleon Bonaparte I. zu Beginn des 19. Jahrhunderts in Auftrag gegeben hatte, um für seinen geplanten Russlandfeldzug ausreichend Nahrungsmittel mitnehmen zu können. Immerhin mussten seine Soldaten zu Fuß von Paris bis Moskau laufen, bis auf die wenigen, die das zweifelhafte Glück hatten, zur Kavallerie zu gehören und nach Russland reiten zu dürfen.

Wie wir alle wissen, ging der Plan des verrückten Napoleon übel in die Hose. Von einer Millionen französischer Soldaten kehrten nicht einmal 50.000 wieder nach Hause, und den meisten dieser Armen fehlte ein Bein, ein Arm, ein Auge oder ein anderes Körperteil, das zum Leben unentbehrlich war. Aber immerhin war das Einmachen geboren. Es hatte den Franzosen zwar nichts genutzt, wurde aber während des gesamten neunzehnten Jahrhunderts weiterentwickelt und verfeinert, was glücklicherweise zusammenfiel mit der sprunghaften Entwicklung der Wissenschaften in den Bereichen Medizin, Biologie, Chemie und Physik.

Ray Adam, im November 2024

Zu diesem Buch:

Dieses kkleine Buch wurde erstellt nach einem Druckwerk aus dem Jahr 1904, das damals von der Firma »Weck« herausgegeben worden war. Ich habe jeden Hinweis darauf aus den Texten und von den Grafiken entfernt. Die beschriebenen Produkte im 1. Teil des Buches sind nach 120 Jahren sowieso nicht mehr erhältlich in der hier dargestellten Form. Insofern dient der 1. Teil lediglich als historischer Rückblick.

Der 2. Teil, der den Frischhaltungsprozess und seine Regeln beschreibt, ist hochaktuell selbst noch in 2024 und sollte sehr gründlich gelesen und verinnerlicht werden, bevor man mit dem Einmachen beginnt.

Der dritte Teil beschreibt letztlich und endlich die Praxis des Einmachens vor 120 Jahren mit genauen Rezepten für Obst (Seite 37ff), Gemüse (S.46ff), Pilze (S.52ff), Fleisch (S.58ff), Fisch (S.69ff) und Zutaten. Speziell bei Fleisch und Fisch finden sich Rezepte für vielfältige Fertiggerichte, die eingemacht werden können; dazu zählen sogar Rumpsteak und panierte Schnitzel.

In § 64 des Urhebergesetzes (UrhG) ist der Grundsatz enthalten, dass für vor dem 1. Januar 1978 geschaffene Werke, anonyme Werke oder pseudonyme Werke das Urheberrecht und der Urheberschutz 95 Jahre ab dem Jahr der Erstveröffentlichung gelten. Das bedeutet, ab 1999 ist das Urheberrecht (Copyright) der Firma »Weck« an diesem Werk verjährt und jeder, also auch ich, darf dieses Büchlein als Herausgeber bearbeiten und veröffentlichen.

Ray Adam, im November 2024

1. Der Sterilisiertopf und das Thermometer

Der Sterilisiertopf dient zur Aufnahme des mit Gläsern besetzten Apparates. Vor dem Einstellen des Apparates oder auch nachher gießt man so viel Wasser, welches ungefähr die gleiche Temperatur haben sollte, wie der Inhalt der Gläser, in den Topf, dass die Gläser bis zur halben Höhe im Wasser stehen. Den Topf setzt man aufs Feuer und erhitzt nach den in den Rezepten angegebenen Vorschriften. Nach Verlauf der Sterilisierzeit nimmt man den Topf vom Feuer, lässt den Apparat noch einige Minuten im Wasser stehen, nimmt ihn darnach heraus und stellt ihn, damit die Gläser sich abkühlen, an einen zugfreien Ort.

Man muss vermeiden, den Apparat auf den Boden zu stellen, zumal dann, wenn der Boden mit Steinfliesen gedeckt ist, weil die Fliesen dem Metall zu schnell die Wärme entziehen, wodurch die Gläser der Gefahr des Springens ausgesetzt werden. Nachdem die Gläser erkaltet sind, werden sie vom Apparat abgenommen und in den Aufbewahrungsraum gebracht.

Das Thermometer dient dazu, die Höhe der Erhitzung zu kontrollieren und festzustellen, ob die Temperatur während der Erhitzung beständig erhalten bleibt. Es sei darauf hingewiesen, dass eine Regulierungsmöglichkeit des Feuers das Beibehalten der richtigen Temperatur sehr erleichtert. Bei Herdfeuer kann man sich dadurch helfen, dass man den Sterilisiertopf dann, wenn die nötige Temperatur erreicht ist, an eine weniger der Beflammung ausgesetzte Herdstelle bringt, sodass eine stärkere Erhitzung vermieden, dagegen die richtige Gradzahl beibehalten wird.

30, 31 und 32

Das Thermometer ist ein empfindliches Instrument. Durch mannigfaltige Gefahren des Transportes, mehr jedoch durch Unachtsamkeit, kann an dem als durchaus zuverlässig ausgeprobten Thermometer etwas in Unordnung geraten, was auf den ersten Blick nicht sofort erkennbar ist.

Es ist deshalb ratsam, neue oder längere Zeit nicht gebrauchte Thermometer vor der Benutzung zu prüfen. Man erhitzt in einem kleinen Gefäße etwas Wasser bis zum Kochen und hält das Thermometer hinein. Steigt das Thermometer bis 100° regelmäßig und stetig und fällt es nach dem Herausnehmen regelmäßig und stetig, dann ist das Thermometer in Ordnung. Zeigt es Unregelmäßigkeiten, ruckweises Steigen und Fallen, zeigt es wesentlich unter oder über 100°, so ist etwas nicht in Ordnung. Man benutzt dann ein Reservethermometer.

Die Ursache der Unregelmäßigkeiten liegt meistens in der unrichtigen Behandlung. Man bewahre das Thermometer hängend auf und schütze es vor Stößen und Erschütterungen. Man lege es nie hart auf den Tisch.

2. Die Gläser mit Deckeln und Gummiringen

Für die verschiedenen Bedürfnisse der Küche sind verschieden große und verschieden geformte Gläser im Gebrauch. Selbstverständlich lässt sich jedes Glas für die Sterilisation der verschiedensten Nahrungsmittel benutzen.

1. Gläser mit enger Öffnung

a) Zylindrische Form mit Einschnürung

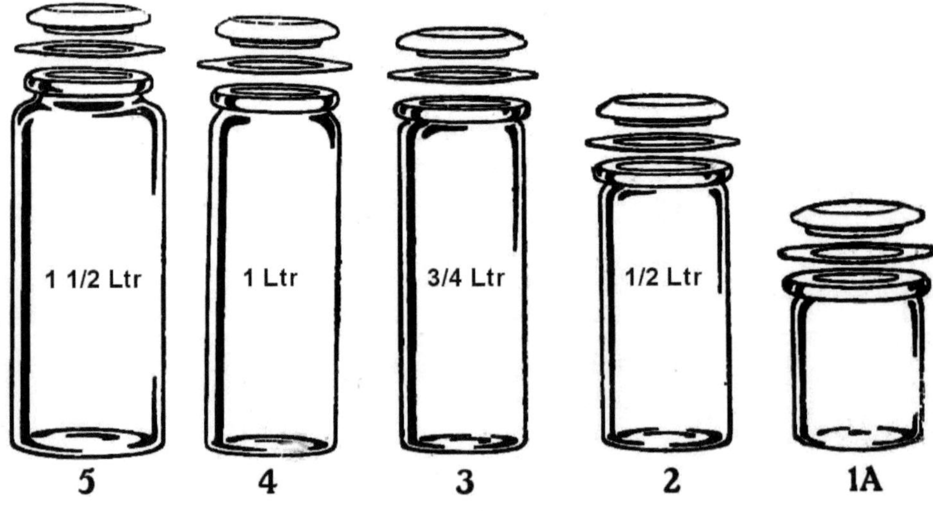

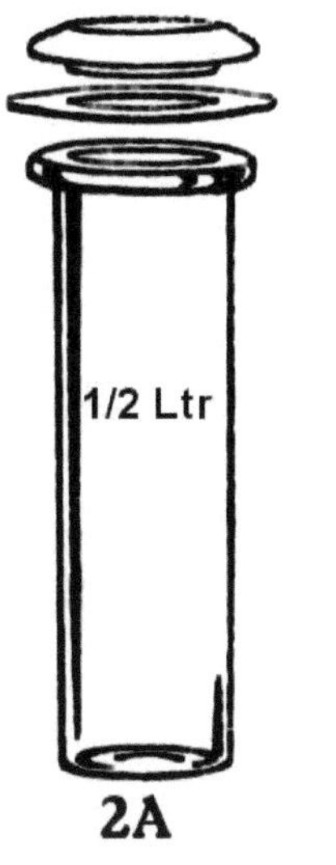

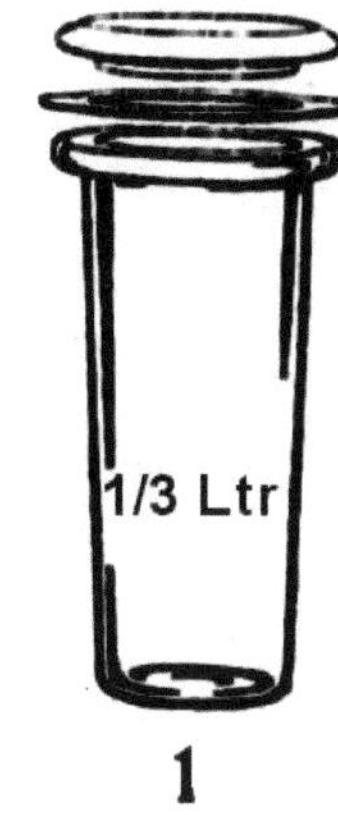

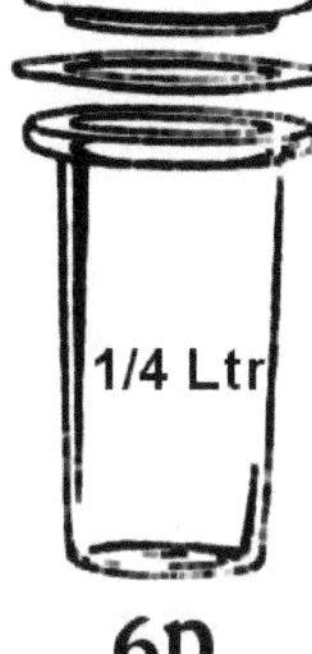

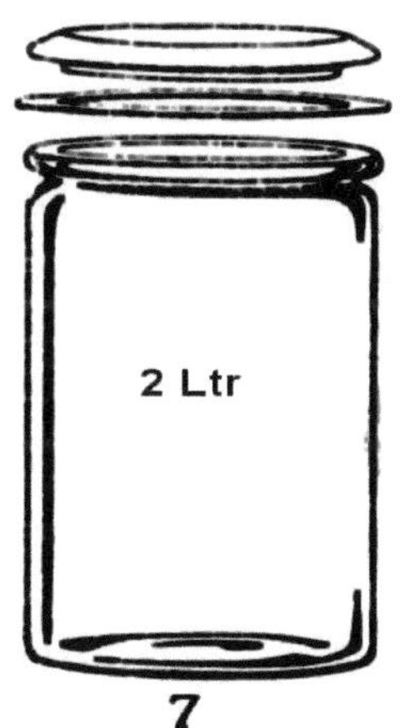

2. Gläser mit weiter Öffnung
a) Zylindrische Form mit Einschnürung

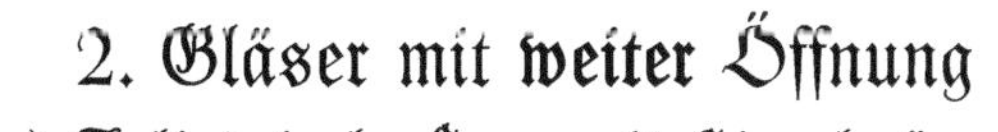

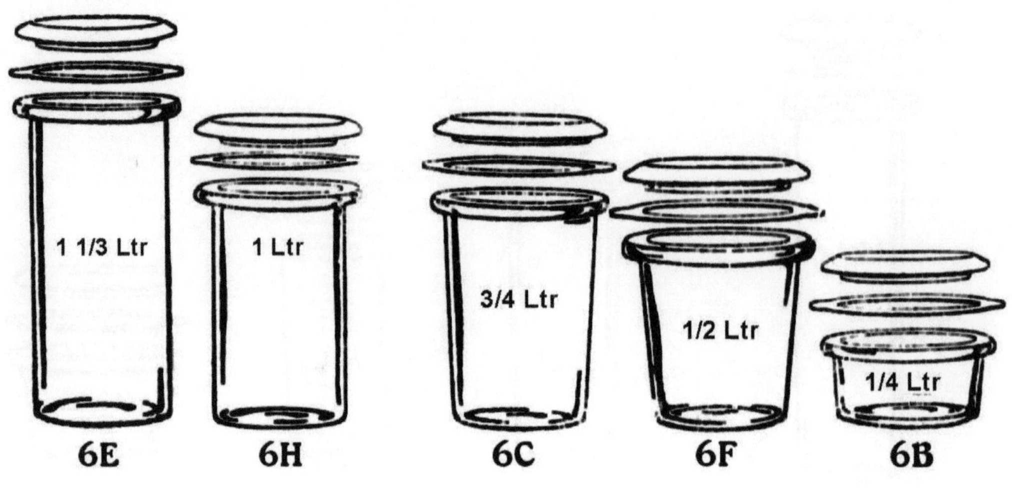

d) Schüsselglas

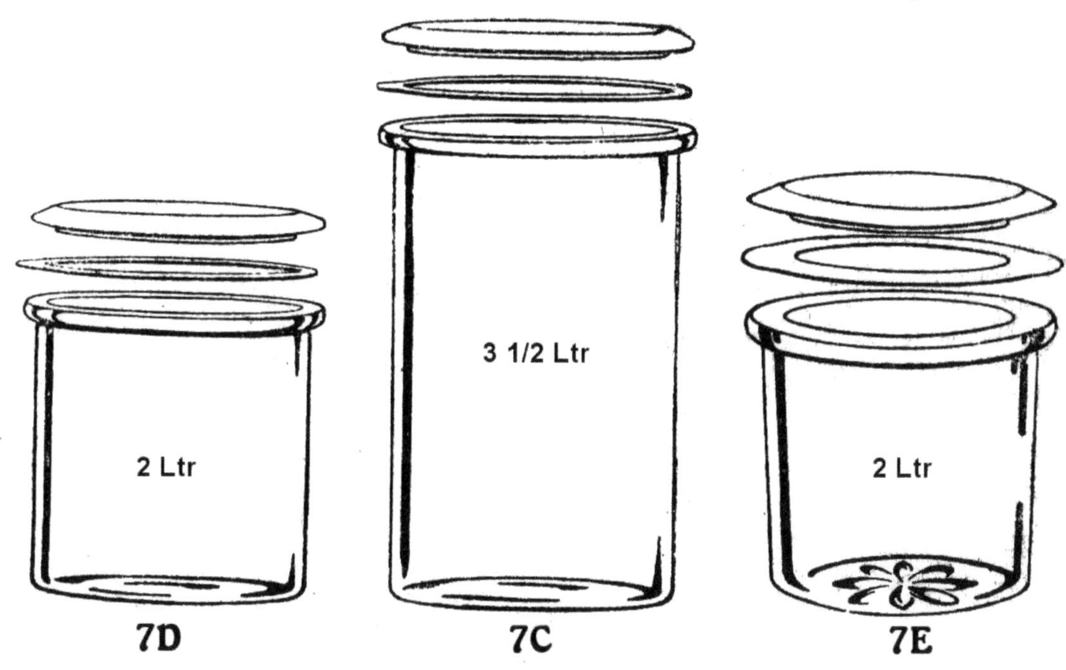

Die Gläser 2A und 6E eignen sich vorzüglich für Spargel, Rhabarberstangen und Ähnliches, die Gläser Nr. 1A für Marmeladen, Gelees usw., die in ihnen auf den Tisch gebracht werden können.

Die Gläser Nr. 6, 6A, 6B, 6C, 6E, 6F, 6H, 7, 7A, 7C und 7D mit weiter Öffnung sind besonders für Fleisch geeignet. Das Glas 7E ist in erster Linie für Sülzen, Gallerten, Puddings bestimmt.

Die Gläser Nr. 0, 1, 6B, 6C, 6D, 6F mit konischer Form (der Inhalt lässt sich stürzen) sind besonders geeignet für Sülzen, Pains, Pasteten, Puddings usw., namentlich auch für Fleisch- und Fruchtgelees; natürlich auch für andere Sachen.

Die Gläser mit enger Öffnung (Nr. 1, 2, 2A, 3, 4 und 5) sind mehr geeignet für Obst und Gemüse.

Die Gläser Nr. 7C, 7D, 7E und 7A können in den kleinen Apparat (siehe Seite 19) auf die Einlage Nr. 33A gestellt werden. Sie lassen sich auch ohne Apparat in den großen Sterilisiertopf stellen, indem man die Einlage Nr. 33 hineinlegt, die Gläser mit Bügel 25C verschließt und, wenn zwei Gläser Nr. 7A übereinandergestellt werden sollen, die Sterilisierkrone Nr. 27A benutzt.

3. Flaschen mit Pfropfendeckel

Nr. 8C, 8E und 8D sind zur Verwendung für Milch, Most und Säfte; Nr. 8 und 8A namentlich für K i n d e r m i l c h .

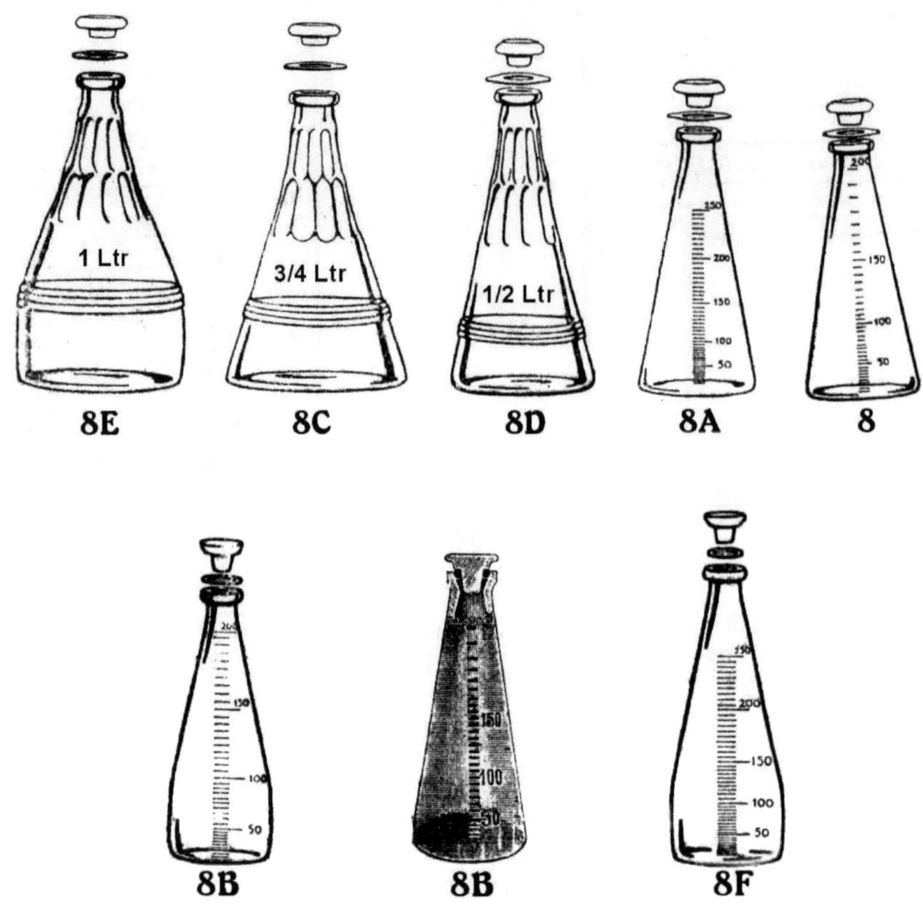

Die neue Kindermilchflasche Nr. 8B hat sich sehr gut bewährt. Der Ring wird über den Stöpsel gezogen und dieser in den Hals der Flasche versenkt. Die weitere Behandlung ist die gleiche wie bei den übrigen Flaschen und Gläsern. Der Sauger lässt sich leicht aufziehen. Die Flasche Nr. 8B hat 200 g, die Flasche Nr. 8F 250 g Inhalt.

Die Deckel haben, wie die Gläser, einen plangeschliffenen Rand, auf dessen exakte Ausführung ein besonderes Gewicht gelegt wird, weil er den sicheren Verschluss gewährleistet. Der Glasdeckel hat einen Ansatz, der das Abrutschen vom Glase verhindert.

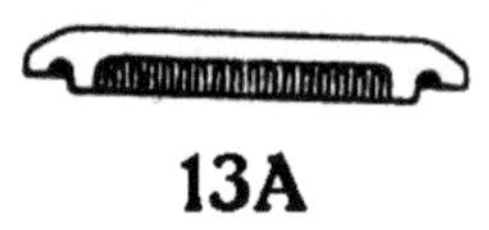

Die erstklassige Qualität des Gummis gewährleistet eine Benutzbarkeit der Ringe durch viele Jahre. Beim Einkauf der Ringe achte man vor allem darauf, dass man nur die Original Ringe erhält, die in Original=Packungen versandt werden. Es gibt Nachahmungen der bewährten Ringe, die zwar billiger angeboten werden, aber infolge ihrer Minderwertigkeit im Gebrauche viel teurer sind als die Originale.

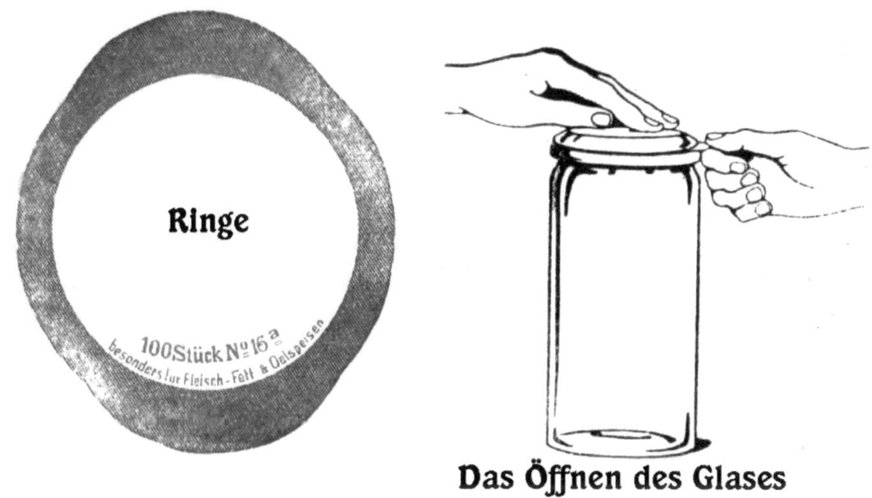

Das Öffnen des Glases

Gläser, Glasdeckel und Gummiringe werden vor dem Gebrauch am besten in einer warmen Sodalösung gereinigt. Sind die Gläser gefüllt, wird der Glasrand abgetrocknet, auf diesen der Gummiring und auf ihn der Glasdeckel gelegt.

Die Gläser stellt man, wie auf Seite 21 näher dargelegt, auf dem Apparat unter Federdruck, und zwar so, dass die Federn auf die Mitte der Glasdeckel einen ziemlich starken Druck ausüben, jedoch nicht überangestrengt werden.

Die Wirkung des Verschlusses beruht auf der Ausnutzung des äußeren Luftdruckes. Es ist ein bekanntes Naturgesetz, dass sich alle Körper bei der Erhitzung ausdehnen und beim Erkalten zusammenziehen. Füllt man also ein Glas mit irgendeinem Stoff, z. B. Wasser, und erhitzt dieses, so wird man die Beobachtung machen, dass das Wasser im Glase steigt, solange die Erhitzung steigt. Lässt man das Glas mit Inhalt erkalten, so zieht sich der Inhalt wieder zusammen. Ist nun ein derartiges Glas mit Deckel und Gummiring versehen, so würde die Erscheinung die gleiche sein, nur dass dann die über dem Inhalt befindliche Luft beim Erhitzen zwischen Deckel und Ring austreten und beim Erkalten wieder eintreten würde. Das Letztere wird aber bei der Anwendung unserer Einrichtungen verhindert und soll verhindert werden, da der Inhalt unter Luftabschluss aufbewahrt werden muss.

Um diesen Luftabschluss zu erreichen, stellt man die Gläser unter Federdruck, wie oben schon ausgeführt. Bei der Erhitzung dehnt sich der Glasinhalt aus, durch die Ausdehnungskraft wird der Druck der Feder aufgehoben; die über dem Inhalt befindliche Luft entweicht. In dem Augenblick aber, wo die Spannung aufgehoben ist, das heißt, wo die Ausdehnungskraft des Glasinhaltes gleich dem Druck der Feder oder geringer als dieser ist, drückt die Feder den Deckel wieder auf den Gummiring und verhindert so das Eindringen der Außenluft und des Wassers, wenn dieses im Topf über die Gläser hinausragt.

Beim Erkalten kann aus demselben Grunde keine Außenluft eintreten. Der Glasinhalt zieht sich zusammen und über dem Glasinhalt entsteht innerhalb des Glases ein stark luftverdünnter Raum. Sind die Gläser vollständig erkaltet, drückt die Außenluft so stark auf den Deckel, dass man die Feder abnehmen und die Gläser wegsetzen kann.

Um die Gläser wieder zu öffnen, muss man an einem der Ohren der Gummiringe ziehen, bis wieder Luft in das Glas eindringt. Dann kann man die Deckel abheben. Die kleinen Flaschen 8, 8A, SB und 8F, deren Ringe keine Ohren haben, öffnet man, indem man die Stöpsel leicht abdreht. (Siehe auch Drahtverschluss Nr. 66 und 67, Seite 25.)

3. Der Gemüsedämpfer

Der Gemüsedämpfer (siehe Abbildung) ist eine Einrichtung, welche sowohl in der täglichen, wie auch in der Frischhaltungsküche mit besonderem Vorteile verwendet werden kann.

Der Gemüsedämpfer Nr. 32A oder 32B dient zum Vordämpfen der Gemüse. Durch das Vordämpfen werden nicht nur die Gemüse weich, sondern es werden auch die ihnen anhaftenden Bakterien, die ihr Verderben verursachen können, getötet. Das Dämpfen ist deshalb dem früher üblichen Kochen im Wasser vorzuziehen, weil beim Dämpfen wertvolle Nährstoffe, die beim Kochen im Wasser verloren gehen, erhalten bleiben. Der Gemüsedämpfer kann mit offenem Boden und mit Einsatz benutzt werden. Mit offenem Boden benutzt man ihn, wenn man die übel schmeckenden Bitterstoffe, die in verschiedenen Gemüsen, namentlich in Kohlarten enthalten sind, ausziehen will. Will man aber die beim Dämpfen austretenden, bisweilen wertvollen Nährstoffe festhalten, so benützt man den Einsatz, in dessen Teller sich die austretenden Säfte sammeln.

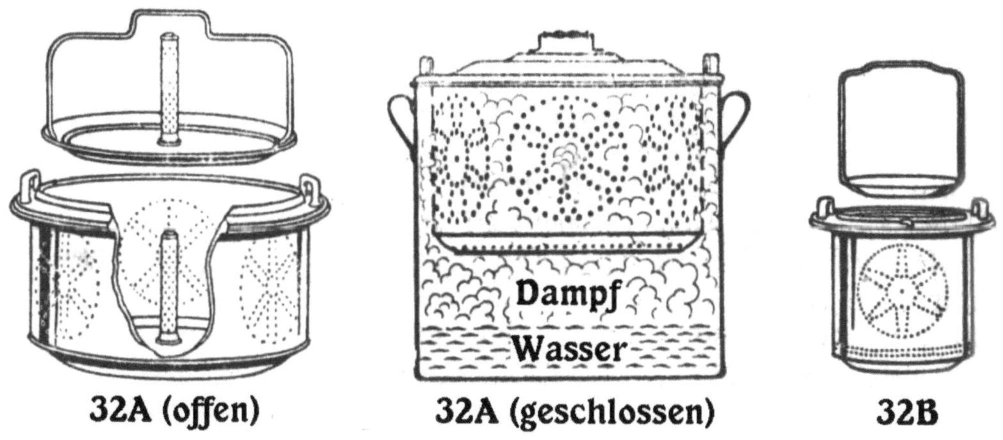

32A (offen)   **32A (geschlossen)**   **32B**

Die Handhabung des Gemüsedämpfers ist einfach. Man gießt in den Sterilisiertopf etwa 8 cm hoch Wasser und bringt es zum Kochen. Währenddessen füllt man das geputzte Gemüse um die Tülle herum in den Dämpfer und hängt diesen, mit dem Deckel verschlossen, in den Sterilisiertopf. Der strömende Wasserdampf, der durch die Sieblöcher und durch die Tülle in das Gemüse dringt, macht es in kurzer Zeit weich.

Auf die weitere Verwendbarkeit des Dämpfers als Sieb oder Salatschwinge sei noch hingewiesen.

Entsprechend den an uns ergangenen Wünschen haben wir auch einen kleinen Gemüsedämpfer, Nr. 32B, konstruiert, der in den kleinen Sterilisiertopf passt. Die Handhabung desselben ist die gleiche wie die des großen Gemüsedämpfers.

4. Verschiedene Hilfsgeräte

Zur leichteren Handhabung und Ergänzung oben beschriebener Hauptgeräte dienen noch verschiedene Hilfsgeräte, die hier kurz erwähnt werden sollen:

1. Der kleine Apparat mit Federn und Stellteller
2. Der Sterilisiertopf für diesen
3. Die Gläserbürsten
4. Der Holzstößer
5. Der Wärmebecher
6. Der Sauger
7. Der Schutzring
8. Die Bügel mit Zubehör
9. Die Sterilisierkrone
10. Der Löffel zum Einlegen der Früchte
11. Der Trichter zum Einfüllen in die Gläser
12. Die Bronze-Obstmesser
13. Der Fruchtsaftgewinner
14. Der Filter
15. Der Drahtverschluss für Milchflaschen
16. Die Etiketten

1. Der kleine Apparat und 2. Der kleine Sterilisierttopf

Da manchmal das Bedürfnis eintritt, eine geringe Menge Nahrungsmittel in einem einzelnen Glase zu sterilisieren, ohne bei Benutzung des großen Apparates eine größere Wassermenge erhitzen zu müssen, sahen wir uns veranlasst, einen kleinen Apparat herzustellen, der das Sterilisieren mit wenig Wasser ermöglicht, weil dazu ein kleiner Sterilisiertopf benutzt wird.

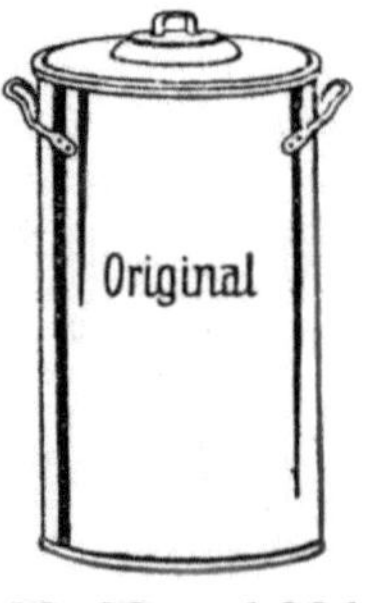

28, 29 und 29A

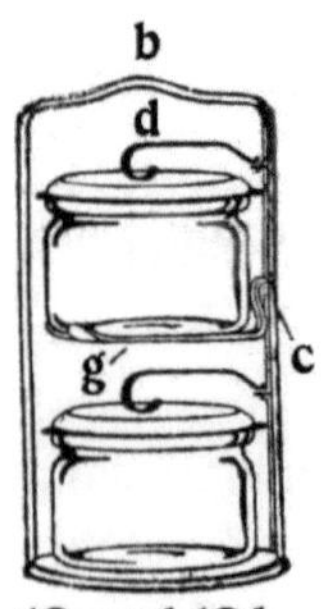

19 und 19A

Der kleine Apparat vermag mehrere niedrige Gläser übereinander oder enge Gläser nebeneinander aufzunehmen. Die Handhabung ist die gleiche wie die des großen Apparates.

3. Die Gläserbürsten – 4. Der Holzstößer – 5. Der Wärmebecher – 6. Der Sauger – 7. Der Schutzring

Die Gläserbürste Nr. 42 ist für die Gläser mit weiter und enger Öffnung bestimmt, die Bürste Nr. 43A für die größeren Flaschen und die Bürste Nr. 43 für die kleinen Flaschen.

Der Holzstößer Nr. 40 dient zum Andrücken des Glasinhaltes, damit der Innenraum der Gläser gut ausgenutzt wird.

Der Wärmebecher mit Spirituslampe Nr. 45 dient zur Erwärmung des Flascheninhaltes, namentlich der Milch.

Der Sauger Nr. 44 wird über den Flaschenhals gestülpt. Der Sauger ist inwendig mit einem Gewinde versehen, durch das beim Saugen die Luft eindringen soll, während das Austreten der Milch durch die Adhäsion im Schraubengang verhindert werden soll.

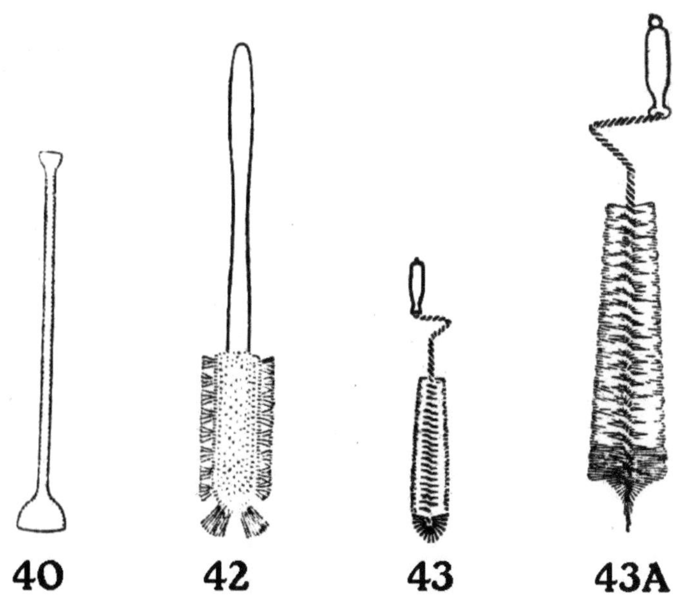

Der Schutzring Nr. 21B (für Apparate Nr. 18 und ISA) ist nur dann zu verwenden, wenn man befürchten muss, dass der Apparat vom Personal unvorsichtig gehandhabt wird. Er verhindert, wenn er um die Bodenplatte des Apparates gelegt wird, ein Abgleiten der Gläser beim Einstellen in den Sterilisiertopf und beim Herausnehmen aus ihm.

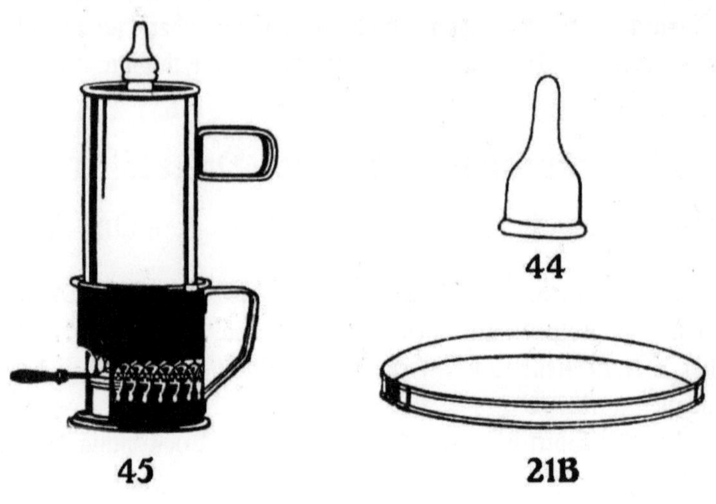

44

45   21B

8. Die Bügel mit Zubehör

Die Bügel benützt man nur dann, wenn man einzelne Gläser ohne Apparat schließen will. Man setzt sie auf die Mitte der Glasdeckel und drückt sie nieder, bis die umgebogenen Endhaken unter den Glasrand greifen. Die Bügel 25C sind für die Schüsselgläser 7A und 7B **alt**, die Bügel 25D sind für die Gläser 7B **neu**, 7C, 7D und 7E.

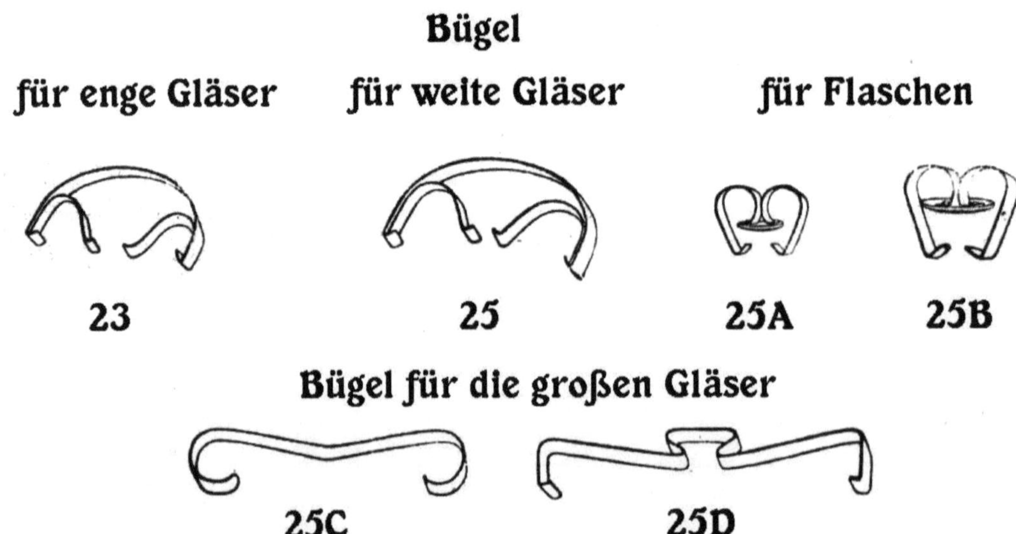

Bügel

für enge Gläser   **für weite Gläser**   **für Flaschen**

23   25   25A   25B

Bügel für die großen Gläser

25C   25D

Der Flaschenbügel Nr. 25A oder 25B wird seitlich auf die Flasche geschoben, sodass die Endhaken unter den Rand des Flaschenhalses greifen.

Die mit Bügeln versehenen Gläser werden unter Benutzung von Schutzkörbchen im kleinen Sterilisiertopf oder, wenn man mehrere Gläser einstellen will, im großen Sterilisiertopf mit der Topfeinlage Nr. 33 der Erhitzung ausgesetzt. Nachdem die Gläser erkaltet sind, werden die Bügel abgenommen.

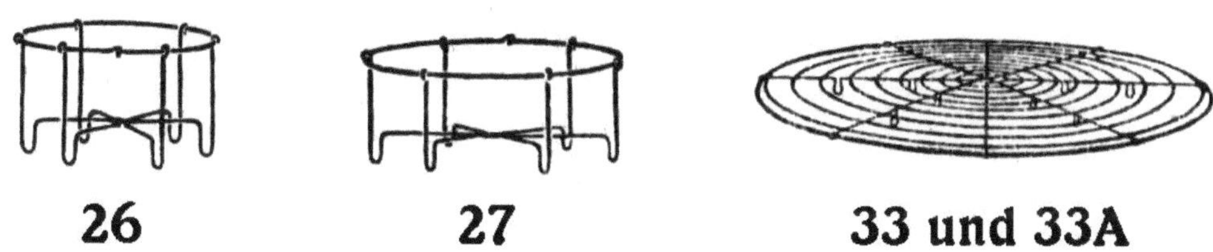

26　　　　**27**　　　　**33 und 33A**

Bei Benutzung der Bügel muss man darauf achten, dass man nicht an den Sterilisiertopf stößt, da die Gläser nicht, wie beim Apparat, festgehalten werden, sondern umkippen und dadurch brechen können.

Die Art der Sterilisation ist die gleiche wie bei dem Apparat, doch muss man beim Herausnehmen darauf achten, dass die Gläser keine Schutzunterlage haben, also nicht unmittelbar auf Metall oder Stein gesetzt werden.

9. Die Sterilisierkrone

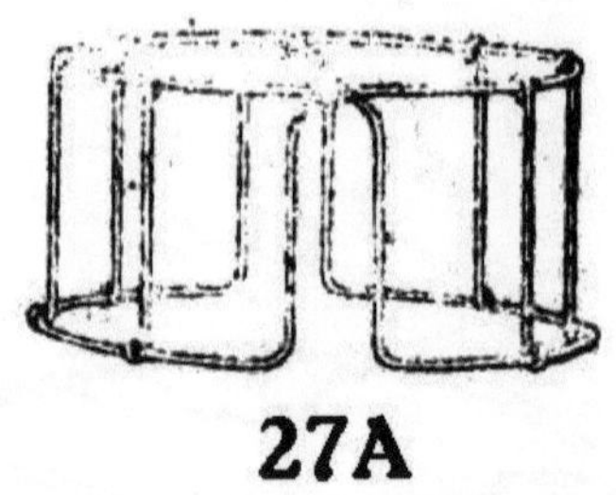

27A

Die Sterilisierkrone Nr. 27A dient zum Übereinanderstellen der Schüsselgläser, von denen zwei Gläser 7A übereinander in den kleinen Topf und vier Gläser 7A in den großen Topf passen. Die Krone stülpt man so über das Glas, dass der Bügel in den Ausschnitten sitzt. Auf die Krone stellt man das zweite mit Bügel verschlossene Glas. Man benutzt die Topfeinlage Nr. 33 oder 33A.

10. Der Löffel zum Einlegen der Früchte

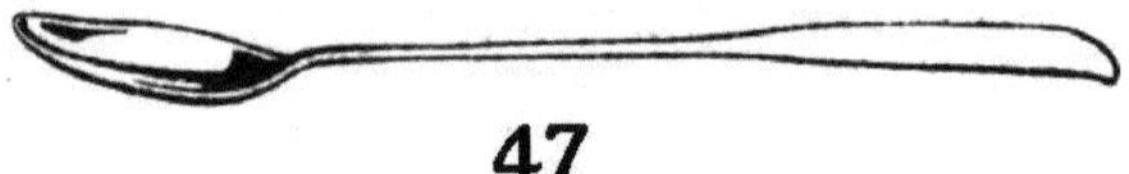

47

Der Löffel Nr. 47 ist zum Einlegen der Früchte bestimmt. Er hat einen langen Stiel und eine schmale Laffe, sodass man die Früchte bequem in die Gläser legen und wieder herausnehmen kann.

11. Der Trichter zum Einfüllen in die Gläser

48

Der Trichter Nr. 48, der einen besonderen Auflagerand hat, damit der Glasrand sauber und trocken bleibt, dient zum Einfüllen von' kleineren Früchten, Beeren und Flüssigkeiten in die Gläser.

12. Die Bronze-Obstmesser

Das auf vielfachen Wunsch eingeführte und solide gearbeitete Bronze-Obstmesser Nr. 47A und das Bronze-Buntschälmesser Nr. 47B dienen zum Zerteilen und Schälen von Obst usw.

47A   **47B**

13. Die Fruchtsaftgewinner

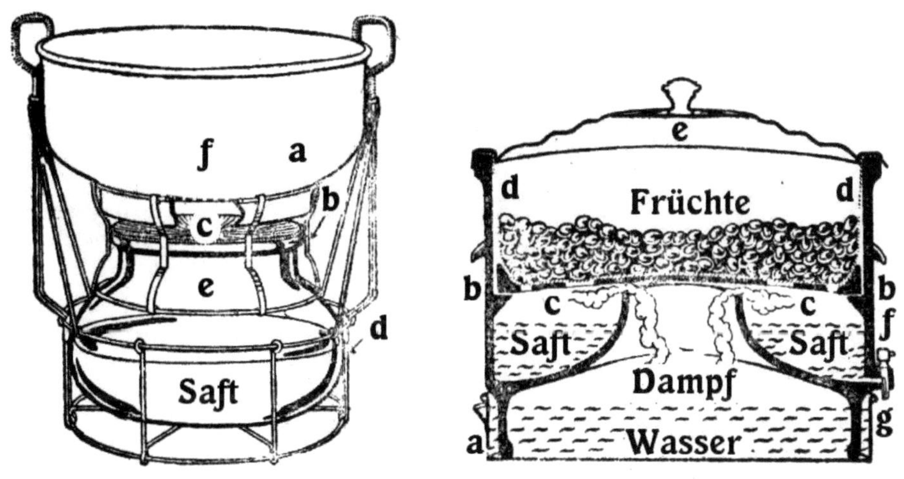

Nr. 48 und 48B dienen zur Herstellung klarer, aromatischer, alkoholfreier Säfte durch Dämpfen der Früchte. Beide Apparate bewähren sich vorzüglich. Weder Saft noch Früchte kommen mit Metall in Berührung. Die Säfte sind nach der Gewinnung fertig filtriert. Man braucht sie nur abzufüllen und in den hübschen Flaschen zu sterilisieren. Der Apparat Nr. 48B hat den besonderen Vorzug, dass er den Dampf vollständig ausnutzt und infolgedessen schneller und sicherer arbeitet als andere in den Handel gebrachte ähnliche Apparate. Die Fruchtsaftgewinner sind einfach zu handhaben und arbeiten zuverlässig. Eine ausführliche Anweisung für die Behandlung und Handhabung liegt jeder Einrichtung bei.

14. Der Filter

Der Filter dient zum Reinigen und Klären von Fruchtsäften, Gelees, Wein usw. Die Flüssigkeiten kommen mit Metall nicht in Berührung. Er ist leicht zu handhaben und liefert ein klares Produkt. Eine ausführliche Beschreibung und Gebrauchsanweisung liegt jedem Filter bei.

15. Der Drahtverschluss für Milchflaschen

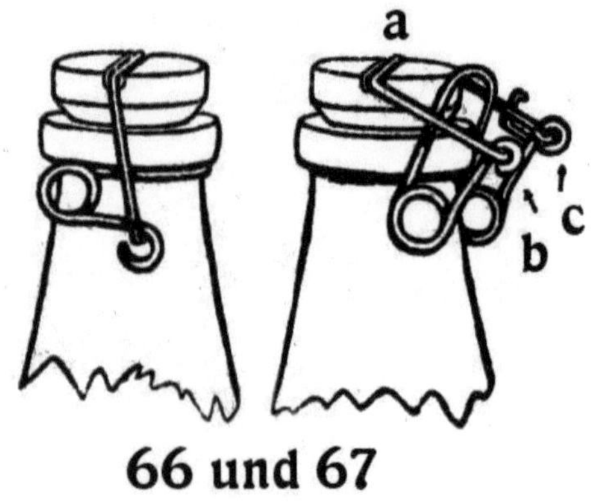

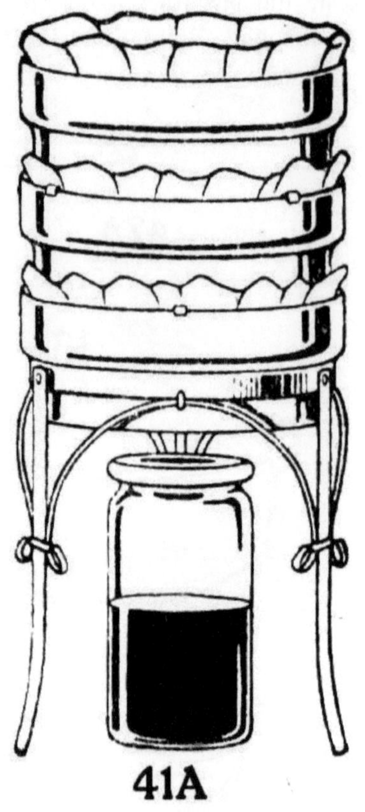

Um zu verhindern, dass beim Verpacken und Versand der kleinen Flaschen 8B und 8F durch unvorsichtiges Handhaben, durch Anstoßen oder Ähnliches der Stöpsel gelöst wird, ist es ratsam, die für den Versand bestimmten Flaschen nicht mit dem Glasstöpsel, sondern mit dem Porzellanstöpsel Nr. 67 zu schließen. Man kann dann beim Versand zur Sicherung des Verschlusses den aus vernickeltem Bronzedraht hergestellten Drahtbügel Nr. 66 über den Verschluss legen. Die Handhabung ist aus der Abbildung ersichtlich.

16. Die Etiketten

Zur Kennzeichnung des Glasinhaltes liefern wir eine gesetzlich geschützte Etikette Nr. 46.

Der Frischhaltungsprozess

Wer die bei der Beschreibung der einzelnen Geräte gemachten Angaben über ihre Handhabung und die Vorschriften über die Dauer und die Höhe der Erhitzung, welche bei den Rezepten gemacht werden, befolgt, wird einen tadellosen, luftdichten Verschluss der Gläser und jahrelange Haltbarkeit der Konserven erzielen. Es sei jedoch noch auf einiges hingewiesen, was auf das Gelingen des Sterilisierprozesses von Einfluss ist.

Es kann nicht ausbleiben, dass die Federn nach längerem Gebrauche schlaff werden. Man helfe dann zunächst dadurch ab, dass man zwei Federn aufeinander setzt oder, wenn es sich um Bügel handelt, deren Enden nach innen zusammendrückt, damit der genügende Federdruck erzielt wird. Genügt zu seiner Erreichung das angegebene Mittel nicht mehr, müssen die erschlafften Federn durch neue ersetzt werden.

Es kommt vor, dass durch unvorsichtige Handhabung der Gläser oder Deckel, durch Stöße oder dergleichen, an den geschliffenen Rändern Aussplitterungen entstehen. Aussplitterungen an den Deckeln machen diese unbrauchbar, Aussplitterungen an den Glasrändern die Gläser dann, wenn man die Deckel nicht mehr auflegen kann, ohne dass sie auf eine ausgesplitterte Stelle zu liegen kommen. Vor dem Gebrauche sind stets Gläser und Deckel auf derartige Fehler zu untersuchen.

Obgleich das Öffnen der Gläser durch Ziehen an den Ansätzen der Gummiringe sehr leicht und bequem gemacht ist, wird vielfach noch versucht, die Gläser durch Zwischenschieben eines harten Gegenstandes zwischen Glas und Gummiring zu öffnen. Abgesehen davon, dass dadurch Aussplitterungen an den geschliffenen Stellen entstehen können, werden auch leicht die Gummiringe verletzt. Gummiringe mit Löchern sind natürlich nicht mehr zu verwenden. Man untersucht die Ringe durch Ziehen, was namentlich nach längerem Gebrauch erforderlich ist.

Zusammengefasst heißt dies: Zum Gelingen des Frischhaltungsprozesses sind tadellose Geräte erforderlich. Mithin muss die Untersuchung daraufhin auch exakt sein. Selbstverständlich ist es, dass auch äußerste Reinlichkeit erforderlich ist. Zweckmäßig putzt man die Metallteile nach dem Gebrauche trocken ab und fettet sie ein.

Nach Entleerung der Gläser sind diese, die Deckel und die Ringe gut zu reinigen, namentlich aber die Ringe, damit keine Schmutzteilchen, die sie angreifen, an ihnen haften bleiben und ihnen einen schlechten Geruch verleihen können. Man wasche die Ringe in einer warmen Sodalösung und spüle sie dann in frischem Wasser ab. Vor neuer Verwendung ist dieser Prozess zu wiederholen.

Die Gummiringe sind an einem kühlen, zugfreien Orte glatt liegend aufzubewahren, damit sie ihre Gestalt beibehalten und nicht austrocknen und dadurch an Elastizität und Geschmeidigkeit verlieren. Namentlich sei davor gewarnt, die Gummiringe in einem feuchten Keller aufzubewahren, da ein solcher gewöhnlich dumpf ist und der Gummi einen dumpfen Geruch annimmt, der sich bei ihrer Verwendung dem Inhalt der Gläser mitteilen kann. Zu beachten ist auch, dass die Ringe nicht zu nahe an Heizkörpern (Herd, Ofen, Dampfheizung) aufbewahrt werden.

Neben der tadellosen Beschaffenheit der Geräte ist aber auch die tadellose Beschaffenheit der zur Verwendung gelangenden Nahrungsmittel von ausschlaggebender Bedeutung. Alle Nahrungsmittel sind, je nach ihrer Beschaffenheit oder Herkunft, mehr oder weniger schnell dem Verderben ausgesetzt. Sie werden beeinflusst durch den Sauerstoff der Luft und die in der Luft oder in den Nahrungsmitteln selbst befindlichen Bakterien. Wir nennen von den Letzteren nur die Gärungserreger, welche sich namentlich bei Früchten manchmal unangenehm bemerkbar machen.

Sind die Nahrungsmittel nicht in frischem Zustande, so sind sie bei der Sterilisation mit möglichst großer Vorsicht zu behandeln. Es ist auf die Einhaltung der vorgeschriebenen Gradhöhe und Kochzeit besonders zu achten.

Selbst wenn der Verschluss erzielt ist, sollen derartige Konserven nach 2–3 Tagen doch nochmals sterilisiert werden. Es genügt dann im Allgemeinen eine um die Hälfte kürzere Zeit, wie bei der ersten Sterilisation. Das zweimalige Sterilisieren („Fraktioniertes Sterilisieren" genannt) empfiehlt sich bei Gemüse und Fleisch in alten Fällen, wenn man die äußerste Vorsicht anwenden will.

Es ist zu bedenken, dass die Bakterien wohl getötet werden, dass aber die Sporen widerstandsfähiger gegen Hitze sind. Die Sporen entwickeln sich nun gewöhnlich in ein bis zwei Tagen, werden aber bei der zweiten Sterilisation getötet.

Die Zersetzung der Nahrungsmittel wird wesentlich gefördert durch das Aufbewahren bzw. Versenden der Nahrungsmittel in Körben und dergleichen. Man kann dies leicht beobachten, wenn man bei einem Korb Kirschen oder einem Sack Erbsen, den man von der Bahn erhält, die unteren Partien prüft. Man wird beim Hineinstecken der Hand sofort spüren, dass die unteren Teile eine entschieden höhere Temperatur zeigen wie die oberen, umso mehr natürlich, je länger die Zeit seit der Ernte verstrichen ist und je länger der Transport dauerte. Derartige Nahrungsmittel bewahrt man am besten, wenn sie nicht sofort bearbeitet werden können, an einem kühlen Orte ausgebreitet auf; auf alle Fälle darf man sie niemals in der Verpackung über Nacht stehen lassen.

Ein weiteres Erfordernis ist das, dass die Nahrungsmittel gesund sind. Hier spielt nun die Sorte, die Witterung und die Düngung eine Rolle. Die Sorte ist z. B. bei den Erbsen wesentlich. Wir nennen als uns erprobt bekannt von den Pahlerbsen als beste: *Ruhm von Cassel* und *Grünbleibende Folger*, von den Markerbsen: *Daisy* und *Gradus Ideal*.

Die Witterung, welche die Gewächse beim Wachstum hatten, spielt auch eine Rolle. Es ist z. B. Tatsache, dass in einem Jahre die gleiche Sorte Erbsen, auf dem gleichen Boden bei gleicher Behandlung gewachsen, nicht hält, während sie in anderen Jahren tadellos ist. Es ist schon vorgekommen, dass Erbsen im Norden Deutschlands in einem Jahre tadellos gehalten haben, während die gleichen Erbsen im Süden Deutschlands sich nicht hielten.

Es ist ferner Tatsache, dass z. B. Spargel, der durch einen Witterungsrückschlag im Wachstum gehemmt wird, sich nicht so gut hält, wie Spargel, der günstiges Wetter hatte.

Ein weiteres Moment, welches auf die Nahrungsmittel einwirkt hinsichtlich ihrer Verwendbarkeit zu Frischhaltungszwecken, ist die Düngung und weiterhin auch bei Tieren die Fütterung. Fest steht auf jeden Fall, dass Pflanzen, welche stark getrieben sind, namentlich durch Fäkaldünger oder Jauche, sich zum Frischhalten nicht eignen, da sie sowohl an Haltbarkeit wie namentlich auch an Aussehen und Geschmack wesentlich Einbuße erleiden.

Trotz der Beobachtung der beschriebenen Vorsichtsmaßregeln kommt es aber doch vor, dass einzelne Gläser nach mehreren Tagen offen gehen. Dann liegt die Ursache in den meisten Fällen an der unrichtigen Handhabung, an nicht genügendem Sterilisieren und Ähnlichem.

Es herrscht manchmal eine irrige Anschauung darüber, wann die Sterilisierzeit beginnt. Es sei deshalb an einem Beispiel gezeigt, was man unter Sterilisierdauer versteht.

Wenn es heißt: Sterilisierdauer 30 Minuten bei 80 Grad, so heißt das, **dass die Gläser 30 Minuten in einem 80 Grad warmen Wasserbade stehen müssen.** Es tritt also der Beginn der Sterilisierdauer ein, wenn das Thermometer 80 Grad zeigt, und es muss das Feuer entsprechend reguliert werden, damit die Gradzahl die vorgeschriebene Zeit über beibehalten wird. Bei Kohlen- und Holzfeuerung erreicht man dies durch Verschieben des Sterilisiertopfes auf eine weniger beflammte Herdstelle.

Ein weiterer Irrtum ist der — und wir begegneten ihm schon wiederholt —, dass man glaubt, dass die Grade, welche in dem oben zitierten Fall h ö h e r liegen wie 80 Grad, e r r e i c h t werden dürfen, wenn nur das Thermometer nicht unter 80 Grad käme. Das ist natürlich grundfalsch. Kirschen und Zwetschgen z. B. verkochen bei 100 Grad, auch alles Beerenobst.

Beim Einfüllen wird ferner vielfach der Fehler gemacht, dass die Gläser zu hoch gefüllt werden. Bei der Erhitzung zeigt erfahrungsgemäß der Inhalt das Bestreben, sich auszudehnen. Sind die Gläser nun zu hoch gefüllt, dann kommt es vor, dass beim Entweichen der Luft Teile des Glasinhaltes mit herausgepresst werden und sich zwischen Deckel und Ring festsetzen. Diese Teile nun wirken, wenn zuckerhaltig, wie Klebstoff und halten den Deckel, wenn er auch nicht luftdicht schließt, eine Zeit lang fest, sodass man glauben könnte, der Frischhaltungsprozess sei gelungen, bis man dann später bitter enttäuscht wird. Die beim Sterilisieren ausgetretenen Teile sind aber außerhalb des Deckels der Luft ausgesetzt und beginnen bald, sich zu zersetzen. Die Zersetzung greift, da manchmal die Teilchen nicht ganz ausgetreten sind und teils unter dem Deckelrand, teils noch im Innern sich befinden, möglicherweise nach innen weiter und geht unmerklich auf den Glasinhalt über, bis schließlich auch dieser der Zersetzung anheimfällt. Das sind natürlich Ausnahmefälle, aber sie können ein Offengehen der Gläser bewirken.

Besonders wichtig ist es, die **Flaschen** nicht zu hoch zu füllen. Es kann als Norm gelten, dass die kleinen Flaschen bis etwa 4, die großen bis etwa 5 cm unter dem Rand gefüllt werden. Von Wichtigkeit ist es ferner, die Gläser an einem geeigneten Orte aufzubewahren. Wenn auch die Einwirkung des Lichtes vielfach zu hoch angeschlagen wird, so empfiehlt es sich doch, die Gläser mit Inhalt nicht der Sonne direkt auszusetzen, sondern als Aufbewahrungsort einen kühlen, möglichst frostfreien und nicht zu hellen Raum zu nehmen. Abgesehen davon, dass ein zu warmer Platz die in den Gläsern etwa noch befindlichen Bakterien zur Entwicklung bringen könnte, muss man auch bedenken, dass die Wärme auf die Gummiringe ungünstig einwirkt. Diese können dann brüchig werden, wodurch der Zutritt der Außenluft ermöglicht werden könnte.

Frischhaltungsgebote

I.

Wenn du Frischhalterin werden willst, schaffe nur Original-Apparate und Gläser an, denn sie sind von bester und solidester Beschaffenheit, durch jahrelange Erfahrungen vervollkommnet und stets sorgfältig geprüft. Nie schaffe billige Nachahmungen an, denn dadurch verlierst du nicht allein Zeit und Geld, sondern es erwächst dir auch noch Ärger obendrein.

II.

Halte deine Apparate und Gläser immer rein, blank und gebrauchsfertig. Beschädigte Gläser, Deckel und Ringe, sowie Federn, welche die Spannkraft verloren haben, brauche niemals. Brauchst du den Apparat eine Zeit lang nicht, so fette alle Metallteile ein.

III.

Ein Thermometer, dessen Quecksilbersäule nicht gleichmäßig steigt und fällt, ist untauglich.

IV.

Gummiringe, die gewellt, gerissen oder hart sind, darfst du nicht verwenden. Vergiss auch nicht, dieselben vor Gebrauch in lauwarmem Sodawasser abzuwaschen. Das Aufbewahren der Gummiringe geschieht, indem du sie auf eine Säule von Holz aufziehst und dann an einem kühlen, zugfreien Orte aufbewahrst.

V.

Was du auch sterilisieren magst, sei es Obst, Gemüse, Fleisch, Fisch oder Wild, nimm es nur von bester und ganz frischer Qualität und verarbeite alles möglichst sofort ohne Aufschub. Nahrungsmittel, die den Keim der Verwesung schon an sich tragen, taugen zum Sterilisieren nicht.

VI.

Reinige die Nahrungsmittel vor dem Gebrauche sorgfältig und beachte streng die bei den Rezepten angegebenen Vorschriften, namentlich in Bezug auf Temperatur und Kochzeit. Kürze die Kochzeit nie ab, sie fängt erst an, wenn die bestimmten Grade erreicht sind. Bei 2 Liter-Gläsern sterilisiere eher etwas länger. Trockne den Deckel und Glasrand, sowie auch den Ring ab, bevor du diesen auflegst.

VII.

Fange beim Sterilisieren nicht mit dem Schwierigsten an, gehe von den einfachen zu den komplizierten Rezepten über. Die Rezepte in den Gebrauchsanweisungen und Kochbüchern sind allgemein als Richtschnur zu betrachten. Aus bestimmten Gründen kann manchmal eine kleine Abweichung möglich oder auch geboten sein. Hat die Frischhalterin einmal genügende Erfahrung, so weiß sie, wo sie solche Abweichungen vornehmen kann.

VIII.

Fülle die Gläser nicht zu voll, damit der Inhalt beim Sterilisieren nicht auskochen kann.

IX.

Fülle nie kalte Gläser mit heißem Inhalt oder umgekehrt. Stelle nie kalte Gläser in heißes Wasser; stelle auch nicht Gläser in kaltes Wasser oder in Zugluft oder auf Steinfliesen. Nimm die Gläser nicht aus dem Apparat, bevor sie richtig abgekühlt sind.

X.

Wenn die Gläser in den Frischhalter eingestellt sind, so prüfe, ob Ring und Deckel richtig aufgelegt und ob jedes Glas mäßig unter Federdruck steht, indem du die Federn hebst.

XI.

Lasse das Wasser niemals beim Sterilisieren aufwallen. Die nötige Temperatur kann auch erreicht werden, wenn das Wasser nur   z i e h t .

XII.

Tags nach dem Sterilisieren oder am dritten Tage prüfe die Gläser: 1. ob sie geschlossen sind, und   2. ob der Inhalt sich hält. Es ist ratsam, die Gläser durch Überfassen zu kontrollieren, ob sie noch geschlossen sind. Stelle die Gläser niemals aufeinander, denn dann ist es unmöglich, diese Kontrolle auszuüben, außerdem läufst du dabei Gefahr, die Gläser zu zerbrechen.

XIII.

Wenn ein Glas nicht geschlossen ist, so untersuche besonders den geschliffenen Rand des Glases und des Deckels, ob diese beschädigt sind. Auch prüfen den Gummiring auf seine Verwendbarkeit. Schlecht geschliffene Gläser oder solche mit Fabrikationsfehlern werden ersetzt.

XIV.

An einem luftigen, kühlen, trockenen und nicht hellen Orte bewahre deine Konserven auf.

XV.

Vor dem Gebrauche prüfe die Konserven nach dem Aussehen, nach dem Geruch und nach dem Geschmack. Eine Konserve, über deren Güte du im Zweifel bist, brauche nie.

Rezepte

Allgemeines

Neben der genauen Beobachtung der in den vorigen Abschnitten gegebenen Vorschriften ist es vor allen Dingen nötig, auch die bei den Rezepten gegebenen Vorschriften peinlich genau zu beachten. Es wird vielfach die Frage aufgeworfen, ob Gläser verschiedener Weite und mit verschiedenem Inhalt zu gleicher Zeit im Apparat sterilisiert werden können. Deshalb soll hierüber kurz auch einiges gesagt werden.

1. Die Weite der Gläser

Da naturgemäß ein weites Glas eine längere Zeit braucht, um durchhitzt zu werden, als ein enges, so genügt bei demselben Inhalt die gleiche Kochzeit, die man z. B. für das engere Glas angegeben hat, für das weitere nicht. Im umgekehrten Falle wäre eine Kochzeit, die für das weite Glas recht ist, für das enge Glas zu lang und dessen Inhalt könnte infolgedessen zu weich werden.

Man sollte also enge und weite Gläser, auch bei gleichem Inhalt, möglichst nicht zusammen fertigmachen. In den nachfolgenden Rezepten ist die Kochzeit für Früchte und Gemüse für die engen Gläser berechnet. Will man Früchte und Gemüse in 1 1/2 Liter-Gläsern Nr. 5 sterilisieren, so muss man bei den angegebenen Kochzeiten etwa 10 Minuten dazu rechnen. Sollen Früchte und Gemüse in weite Gläser eingelegt werden, so sind im Ganzen etwa 15 Minuten hinzuzurechnen.. Bei Fleisch und Fisch sind die Kochzeiten für die weiten Gläser berechnet.

2. Die Höhe der Gläser

(Wasserbad und Dampfbad)

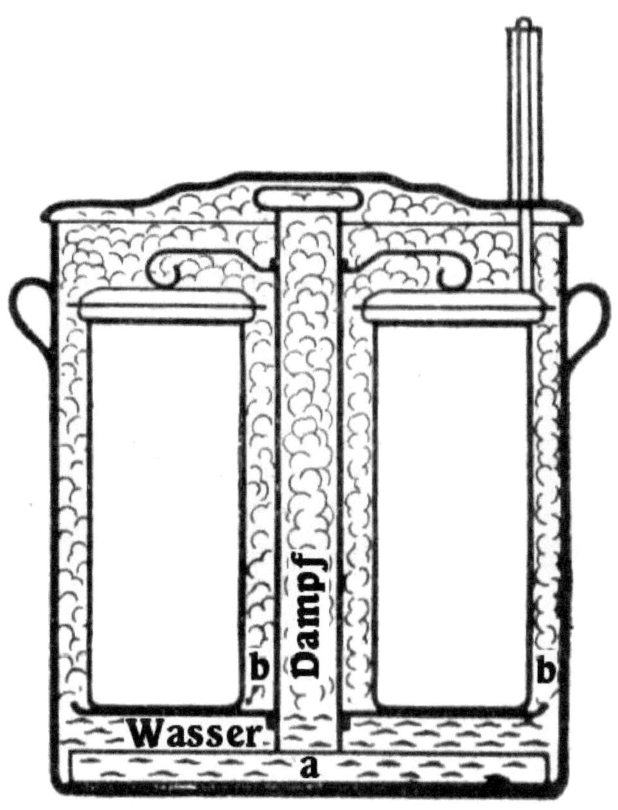

Es ist auch zu empfehlen, niedrige und hohe Gläser möglichst für sich zu sterilisieren, weil in gleich geformten Gläsern die Temperaturen gleichmäßig sind. Gewöhnlich nimmt man so viel Wasser, dass die Gläser während des Sterilisierens damit bedeckt sind. Das nennt man *Sterilisieren im Wasserbade*. Man kann aber auch die Gläser vollständig aus dem Wasser herausragen lassen (siehe Abbildung), indem man sie auf die über der Bodenplatte eingeklemmten Stellteller stellt und nur bis an diese das Wasser gehen lässt, sodass die Gläser vollständig vom Dampf umspült werden. Das nennt man *Sterilisieren im Dampfbade*. Wir ziehen das Wasserbad vor.

3. Gläser mit verschiedenem Inhalt

Gläser mit verschiedenem Inhalt können nur dann zusammen sterilisiert werden, wenn für die Nahrungsmittel die gleiche Sterilisierzeit gilt, wobei natürlich das unter 1 und 2 Gesagte beobachtet werden muss.

Was nun das Beigeben von Zutaten zu den einzelnen Nahrungsmitteln angeht, so sei ausdrücklich betont, dass die Zutaten zur Erhöhung des Wohlgeschmackes, nicht aber zur Erhöhung der Haltbarkeit zugegeben werden, denn bei gesunden Nahrungsmitteln genügt der Sterilisierprozess im Apparat mit darauf folgendem Luftabschluss allein zur Erreichung des Zieles, die Nahrungsmittel zu Dauerwaren zu machen.

Das Färben von Obst und Gemüse, weil dieses hier und da durch zu starkes Kochen etwas verblasst, unterlasse man als unnötig. Überdies wäre es nur eine Selbsttäuschung und fast durchweg gesundheitsschädlich. Eben dadurch unterscheidet sich die im eigenen Haushalt hergestellte Konserve von der der Fabriken, dass alle derartigen Hilfsmittelchen weggelassen sind und wegbleiben **sollen**.

Das Einmachgeschäft kann in folgende Gruppen eingeteilt werden:

Obst. Es wird gewöhnlich in rohem Zustande in die Gläser gefüllt. Als Zutat zum Obst dient in der Regel eine Lösung von Zucker und Wasser. Näheres siehe unter *Einlegen des Obstes.*

Gemüse. Sie werden meistens vor dem Einkochen in einem offenen Topfe oder im Gemüsedämpfer einige Minuten abgebrüht (blanchiert), damit sie ihren durch unrichtige Düngung oft anhaftenden scharfen Geschmack verlieren und etwas weich werden, da die Gemüse, wenn roh eingefüllt, leicht hart bleiben. Zutat: Wasser, auch schwach gesalzen. Näheres siehe unter *Einlegen der Gemüse und Pilze.*

Pilze. Sie müssen ebenfalls vorgekocht werden. Es kann bei diesen die Abkochbrühe mit verwendet werden. Näheres ebendort.

Fleisch und Geflügel. Diese sollen nur in fertig gekochtem oder gebratenem Zustande eingelegt werden. Bei Fleischsachen gibt man etwas Brühe oder Sauce in das Glas. Näheres siehe unter *Einlegen des Fleisches usw.*

Fische, Krusten- und Schaltiere. Näheres siehe unter *Einlegen der Fische usw.*

Zutaten zu den einzelnen Speisen. Näheres siehe unter *Einlegen von Zutaten.*

Bei Obst ist das Wasser im Sterilisiertopf langsam zu erhitzen, bei den übrigen Sachen dagegen ist ein schnelleres Erhitzen angezeigt.

Bei Speisen, die Fett enthalten, hat man zu beachten, dass der Gummiring möglichst nicht fettig wird, da er sonst angegriffen werden kann. Man mache in diesem Falle das Glas nicht zu voll. Zu verwenden sind Ringe Nr. 16A.

Das Einlegen des Obstes

1. Allgemeines

Obst soll zum Einlegen in reifem, aber nicht überreifem Zustande genommen werden; überreif ist meistens eine Frucht, wenn sie sich feucht anfühlt, sodass z. B. in Körben der Saft unten herausläuft. Wie hoch das Obst ins Glas gefüllt werden soll, ist aus den Rezepten zu ersehen. Das Obst, das zum Einmachen genommen wird, kann Beeren=, Stein= oder Kernobst sein.

a) Das Beerenobst

erfordert beim Einmachen große Vorsicht, damit es seine Form nicht verliert. Es wird gewöhnlich bei 80 Grad Celsius fertiggemacht. Beerenobst kann auch als Mus oder Marmelade eingemacht werden.

b) Das Steinobst

kann man mit oder ohne Stein konservieren. Es empfiehlt sich jedoch, nur solche Früchte zu entsteinen, bei denen sich der Stein leicht loslöst; im anderen Falle macht man nur die Frucht unansehnlich. Bei entsteinten Früchten nimmt man auf 1 Liter=Glas etwa 6 Steine, klopft diese auf, befreit den inneren Kern nach Einlegen in heißem Wasser von seiner braunen Haut und fügt die geschälten Kerne den Früchten bei. Größeres Steinobst, wie Aprikosen, Pfirsiche, die starke Häute haben, wird geschält, indem man ein Gefäß mit kochendem Wasser aufstellt, den Boden des offenen Gemüsedämpfers (oder eines Seihers) mit Früchten bedeckt, denselben dann in kochendes Wasser taucht und sofort wieder herausnimmt. Dies wiederholt man mehrere Male und probiert mit den Fingern, ob sich die Haut leicht loslöst. Ist dies der Fall, so taucht man den Gemüsedämpfer (Seiher) geschwind in kaltes Wasser, lässt die Früchte abtropfen und legt sie auf eine Schüssel.

Dann füllt man den Boden des Seihers wieder mit einer anderen Lage Früchte und verfährt wie vorhin, bis bei allen Früchten die Häute gelöst sind. Nun nimmt man ein Bronze= oder Hornmesser und schält die Früchte wie gesottene Kartoffeln ab. Wir betonen, dass man nur größere Aprikosen und Pfirsiche abschälen soll, kleinere Früchte dieser Art legt man mit der Haut ein.

c) Das Kernobst

wird zum Einlegen in der Regel geschält; nur ganz kleine Sorten, namentlich Birnensorten mit ganz harter Schale, macht man entweder ganz oder halbiert mit der Schale ein. Das geschälte Kernobst wird je nach der Größe ganz, halbiert oder in Vierteln, oder noch kleiner eingelegt, in letzteren drei Fällen werden die Stücke von Blüte, Kernhaus und Stiel befreit. Die Schalen des Kernobstes kann man, wenn die Früchte vorher gut gereinigt wurden, ebenfalls einmachen und sie gelegentlich zu Kompott, Gelees, Puddings usw. verwenden. Damit Äpfel und Birnen nach dem Schälen nicht missfarbig werden, legt man sie in kaltes Wasser, dem man einige Tropfen Zitronensaft beigefügt hat, doch lasse man sie nicht länger darin liegen als unbedingt nötig ist. Zum Schälen benutzt man Bronze= oder Hornmesser.

2. Zutaten

Wollte man das eingefüllte Obst ohne jede weitere Zutat einkochen, so würde es, weil keine Flüssigkeit da ist, in vielen Fällen braun werden und manchmal seinen feinen Geschmack verlieren. Wollte man bloß Wasser zugießen, so würde dieses die feinen Geschmacksstoffe der Früchte verdünnen, und der Inhalt des Glases würde oftmals fad schmecken. Wir geben deshalb in der Regel zu dem Wasser noch Zucker und erhalten dadurch ein fein schmeckendes Kompott. Sind also Zuckerzusätze die Regel, so kann man aber auch das Obst im eigenen Saft eindünsten. Die Haltbarkeit wird dadurch nicht berührt. Bei Konserven für Zuckerkranke wird stets so verfahren.

Viele Versuche haben gezeigt, dass eine Zuckerlösung von 1 Liter Wasser und 300 g Zucker für süße Früchte, wie z. B. süße Kirschen, das richtige Verhältnis ist; bei säuerlichen Früchten nimmt man mehr Zucker.

Es bleibt natürlich jedem überlassen, wie viel Zucker und sonstige Zutaten er zu seinen Früchten nehmen will; die Angaben der Zutaten in unseren Rezepten sollen nur Anhalts= punkte und das Ergebnis unserer Erfahrungen sein.

Zur Zuckerlösung verwendet man stets ungebläuten Zucker, am vorteilhaftesten Grießzucker, und löst diesen einfach in kaltem Wasser auf. Ein Aufkochen der Zuckerlösung ist nur dann nötig, wenn man auf 1 Liter Wasser 400 g oder mehr Zucker nimmt. Bei der

Berechnung der Wassermenge für die Zuckerlösung nimmt man etwa 1/3 des Glasinhaltes an. Wenn man also z. B. 6 Stück 1 Liter-Gläser mit süßen Kirschen eingelegt hat, so rechnet man 6 X 1/3 Liter = 2 Liter Wasser; rechnet man auf 1 Liter Wasser 300 g Zucker, so braucht man in unserem Falle 2 X 300 = 600 g Zucker, welchen man, wie schon erwähnt, auflöst. Sollte etwas Zuckerlösung übrig bleiben, so kann man diese in Flaschen füllen und sterilisiert für das nächste Mal aufbewahren.

3. Rezepte

Ananas

Reife Früchte werden geschält, halbiert, das Kernhaus herausgetrennt und die Früchte dann in Stücke (Würfel, Dreiecke) geschnitten. Diese füllt man dicht in Gläser, gibt eine Zuckerlösung (300 g Zucker auf 1 l Wasser) darüber und sterilisiert 15 Minuten bei 90°.

Äpfel

Wenn auch im Großen und Ganzen die Äpfel wegen ihrer langen Haltbarkeit weniger frisch gehalten werden wie die übrigen Obstsorten, da dieselben bei richtiger Wahl der Sorten und richtiger Aufbewahrung das ganze Jahr hindurch frisch zu haben sind, so kann es doch vorkommen, dass man gezwungen sein wird, die eine oder die andere Sorte frisch zu halten, wenn sie sich im frischen Zustande nicht mehr halten wollen.

Zum Eindünsten eignen sich fast alle Reinettensorten, auch Kalvillen, überhaupt alle solche Sorten, welche ein aromatisches Fleisch haben; hierzu gehören auch noch die *Borsdorfer*.

Die Früchte werden möglichst gleichmäßig geschält; bei den kleinen Früchten, welche ganz bleiben, wird das Kernhaus mittels eines Kernhausbohrers entfernt, bei den größeren Früchten, welche halbiert oder geviertelt werden, wird das Kernhaus ausgeschnitten. Sofort werden die Früchte dann in kaltes Wasser, gelegt, in welches einige Tropfen Zitronensaft hineingetan werden können. Dann werden die Früchte in die Gläser gefüllt, die übliche Zuckerlösung, 750 g Zucker auf 1 l Wasser, wird darüber gegossen und alles etwa 20 Minuten bei 90° gedünstet.

Aprikosen

Die Aprikosen sind mit ihrem feinen aromatischen Geschmack die beliebtesten Früchte zum Frischhalten. Es eignen sich aber nicht alle Sorten gleich gut zu diesem Zwecke. Die Aprikosen sollen möglichst in der ganzen Frucht gleichmäßig reifes, hellgelbes Fleisch besitzen und sich leicht vom Steine lösen. Die besten Sorten, die diese Eigenschaft besitzen, sind die *Ambrosia-Aprikose* und die *Aprikose von Breda*.

Die Früchte können in verschiedener Form zum Eindünsten genommen werden. Die kleinen Früchte werden am vorteilhaftesten ganz gedünstet, mittelgroße und große Früchte dagegen halbiert und geschält.

Ein Haupterfordernis zum guten Gelingen ist der nötige Reifegrad der Frucht. Dieselbe darf keinesfalls in der Reife zu weit vorgeschritten, aber auch nicht zu unreif sein.

Aprikosen, die ungeschält eingelegt werden sollen, reibt man mit einem weichen Tuche ab. (Über das Schälen der Früchte siehe: *Das Einlegen der Früchte, Allgemeines.*)

Nach dem Schälen werden die Früchte halbiert und die Steine entfernt. Die so behandelten Früchte werden nun so in die Gläser gefüllt, dass die Schnittflächen nach unten, die Außenseiten aber nach außen, dem Glasrande zugekehrt, zu liegen kommen. Hierdurch wird nicht allein der Raum im Glase ausgenutzt, sondern auch ein schöneres Aussehen erzielt.

Bei ganzen Aprikosen gibt man eine Zuckerlösung: 1 Liter Wasser, 400 g Zucker; bei halbierten Früchten eine solche von 1 l Wasser, 500 g Zucker zu. Sterilisationszeit: 20 Minuten bei 80°.

Birnen

Die Früchte werden vorsichtig und namentlich gleichmäßig geschält, welches nur mit Bronzemessern zu geschehen hat. Der Stiel wird stets an der Frucht belassen, höchstens wird er etwas eingekürzt. Er wird mit dem Messer abgeschabt, sodass er weiß wird. Der Kelch wird durch gleichmäßiges Ausstechen aus der Frucht entfernt.

Kleine Birnensorten werden am vorteilhaftesten ganz belassen, während größere Früchte halbiert oder geviertelt werden. In den beiden letzten Fällen wird das Kerngehäuse natürlich entfernt. Nach dem Schälen werden die Früchte sofort in kaltes Wasser gelegt, welchem einige Tropfen Zitronensäure beigefügt werden können. Es hat dieses den Zweck, dass die Früchte nicht braun werden, was sie im anderen Falle, wenn sie der Luft ausgesetzt werden, sehr gern und schnell tun. Dann werden die Früchte in die Gläser gefüllt, die übliche Zuckerlösung, bestehend aus 600 g Zucker auf 1 l Wasser, wird darüber gegossen und die Früchte werden, je nach dem Reifegrade, 25 bis 30 Minuten lang auf 90° erhitzt. Sehr harte Birnen kocht man nach dem Schälen und Zerteilen vor dem Einlegen in die Gläser halbweich.

Brombeeren

behandle man wie Himbeeren. Zuckerlösung: 700 g Zucker auf 1 l Wasser.

Erdbeeren

G a r t e n - E r d b e e r e n (Prestlinge). Um bei dieser Frucht *das Steigen im Glase* und das Verblassen der Frucht nach dem Einkochen möglichst zu vermeiden, wähle man nur dunkelrote und festfleischige Sorten und beachte genau die folgenden Vorschriften:

1. Man drehe den Stiel von den Beeren ab und wasche sie sorgfältig in einem Seiher. In einem etwa 2 l haltenden, emaillierten Kochtopf lasse man 1/2 l Wasser und Zucker zum Kochen kommen, ziehe dann den Topf vom Herd oder drehe das Gas ab und lege sofort so viele Beeren in das heiße Zuckerwasser, dass sie den Boden bedecken, decke den Topf zu und lasse ihn so 5 Minuten stehen. Nach dieser Zeit nehme man die Beeren heraus und lasse sie abtropfen, dann bringe man das Zuckerwasser wieder zum Kochen, gebe den Saft der Beeren hinein und lasse sie 5 Minuten stehen. Das wiederhole man so oft, bis alle Beeren in dieser Weise vorbereitet sind. Um Zeit zu sparen, kann sofort, wenn der erste Teil abgetropft ist, mit dem Einlegen in Gläser begonnen werden. Man fülle die Beeren, am besten mit dem Löffel, fest bis oben in das Glas und gieße dann die Zuckerlösung (1 Liter Wasser, 1 kg Zucker) hinzu. Das Zuckerwasser, das beim Vor= dünsten der Beeren gebraucht worden ist, kann, nachdem es vorher abgeseiht wurde, mit verwendet werden. Wer die Beeren süßer liebt, nehme etwas mehr Zucker zur Lösung.

2. Eine andere Art ist die: Man drehe die Stiele ab, wasche die Beeren und lasse sie abtropfen. Dann nehme man auf 1 kg Beeren 250 g gemahlenen Zucker, wälze die Beeren darin und lege sie dann auf eine Porzellanplatte oder einen Teller; sollt noch Zucker übrig geblieben sein, so siebe man ihn zuletzt über die Beeren. Am nächsten Tage fülle man die Beeren, am besten mit dem Löffel und Holzstößer, in Gläser und gieße den von den Beeren

angesammelten Saft nach. Sollt man zu wenig Saft haben, um die Gläser genügend füllen zu können, so gieße man etwas Zuckerlösung nach.

Sterilisationszeit bei beiden Methoden: 20 Minuten bei 80'

Die erstere Methode hat den Vorteil, dass man an einem Tage fertigwird und dass die Früchte weniger steigen als bei der Behandlung nach der zweiten Art. Walderdbeeren kann man auf diese Art nicht einmachen, da sie bitter schmecken und die Farbe verliere würden, Walderdbeeren eignen sich dagegen vorzüglich zu Saft.

Heidelbeeren

Man wasche die sauber verlesenen Früchte in dem Dämpfer oder einem Sieb mit vielem Wasser, lasse sie abtropfen, vermenge die noch feuchten Beeren mit Grießzucker (auf 1 kg Beeren 140 g Zucker), indem man mit dem Holzlöffel vorsichtig rührt, fülle die eingezuckerten Beeren unter öfterem Schütteln in Gläser und erhitze sie 20 Minuten bei 80°. Will man die Heidelbeeren zu Torten und Kuchen verwenden, dann fülle man die gewaschenen Beeren ohne Zucker in die Gläser und erhitze sie 20 Minuten bei 80°.

Himbeeren

1. Man lege sorgfältig gepflückte Himbeeren vorsichtig in einen möglichst weiten emaillierten Topf, gieße abgekühlte Zuckerlösung (500 g Zucker auf 1 l Wasser) darüber, erhitze alles langsam bis auf 80° und stelle es 24 Stunden fort. Dann fülle man die Früchte in Gläser, gieße den Saft darüber und erhitze 20 Minuten bei 75°. Etwa übrig bleibenden Saft filtriere man mit dem Filter oder durch ein Tuch, fülle ihn in Saftflaschen und erhitze ihn etwa 10 Minuten bei 90°.

2. Einfache Art. Man fülle die verlesenen Beeren mit dem Löffel möglichst dicht bis oben an den Rand in Gläser, gieße Zuckerlösung (2 kg Zucker auf 1 l Wasser) darüber und erhitze 20 Minuten bei 90°.

Johannisbeeren

Die zum Frischhalten geeigneten Johannisbeeren sind die großfrüchtigen Sorten, und zwar sowohl die roten, wie die weißen und schwarzen.

1. Nachdem man die Früchte möglichst schnell gewaschen hat, beere man sie mit einer silbernen Gabel vorsichtig ab, fülle sie in einen emaillierten Kochtopf oder in ein feuerfestes Porzellan= oder Tongeschirr, gieße die abgekühlte Zuckerlösung (750 g auf 1 l Wasser darüber, erwärme die Beeren auf 90°, halte sie 20 Minuten auf dieser Temperatur und stelle sie dam 20 Minuten fort. Dann fülle man die Früchte mit dem Löffel vorsichtig in Gläser, gieße die notwendige Menge Saft darüber und erhitze die Früchte 20 Minuten bei 80°.

2. E i n f a c h e A r t : Man fülle die abgebeerten Früchte mit dem Löffel so dicht als möglich bis oben an den Rand in Gläser, gieße die Zuckerlösung (l kg Zucker auf l Wasser) darüber und erhitze 20 Minuten bei 80°.

Kirschen

Kirschen sollen möglichst festes Fleisch, gutes Aroma und vorteilhafte Größe haben. Die dunklen Sorten eignen sich am besten zum Sterilisieren; die roten verblassen sehr leicht. Die Früchte sollen reif, aber nicht überreif sein und dürfen keine Maden haben.

Man fülle die verlesenen, gesäuberten und entstielten Früchte möglichst fest in Gläser, übergieße sie mit einer Zuckerlösung (300 g Zucker auf 1 l Wasser für Süßkirschen) Zucker auf 1 l Wasser für Sauerkirschen) und erhitze sie 20 Minuten bei 90°.

Wenn man den Kirschkern=Geschmack nicht liebt, entferne man die Kirschen; es empfiehlt sich aber, zur Zuckerlösung dann etwas mehr Zucker zu nehmen.

Maulbeeren

Man wähle Früchte,= die noch nicht vollständig reif sind, fülle sie möglichst dicht in Gläser, gebe eine Zuckerlösung (500 g Zucker auf 1 l Wasser) hinzu und sterilisiere 20 Minuten bei 80°.

Mirabellen

Sie müssen gelb, aber noch fest sein. Die Früchte werden mit einem Hölzchen durchstochen, gewaschen, abgetropft und möglichst dicht in Gläser gefüllt. Zuckerlösung: 500 Zucker auf 1 l Wasser. Erhitzung: 20 Minuten bei 80°.

Pfirsiche

Pfirsiche müssen reif, dürfen aber noch nicht zu weich sein. Man schält sie am besten vor dem Einlegen (siehe *Einlegen des Obstes, Allgemeines*) und halbiert sie. Sie werden genau wie die Aprikosen (siehe diese) in Gläser eingelegt. Zuckerlösung: 750 g Zucker auf 1 l Wasser. Sterilisationszeit 20 Minuten bei 80°.

Pflaumen (Zwetschgen)

Will man das Platzen der Haut vermindern oder möglichst vermeiden, dann durchsteche man die Früchte vor dem Einlegen mit mehreren Nadeln, die in einem Kork befestigt sind.

Größere Arten, die sich nicht entsteinen lassen, schäle man (siehe *Einlegen des Obstes, Allgemeines*), übergieße sie mit einer Zuckerlösung (700 g Zucker auf 1 l Wasser) und erhitze 20 Minuten bei 80°.

Die kleinen saueren Pflaumen verarbeite man zu Marmelade.

Preiselbeeren

Sie werden verlesen, gewaschen, abgetropft und in einem Kochtopf ohne Wasserzusatz mit gemahlenem Zucker vermengt (auf 1 kg Beeren 400–500 g Zucker). Man bringt sie zum Kochen, lässt mehrmals aufwallen, füllt abgekühlt in Gläser und sterilisiert 20 Minuten bei 90°.

Quitten

Die Quitten werden mit einem Tuche von der anhaftenden Wolle befreit, dann mit dem Bronzemesser geschält, geviertelt, das Kernhaus entfernt und in schwaches Salzwasser gelegt, damit sie nicht braun werden. Man kocht die Schnitze in Zuckerwasser, bis sie anfangen weich zu werden, dann nimmt man sie sofort heraus, kühlt sie rasch in kaltem Wasser ab und sie lässt sie abtropfen. Nun schichtet man die Schnitze dicht in Gläser, gibt Zuckerlösung (900 g Zucker auf 1 l Wasser) darauf und sterilisiert 20–30 Minuten bei 90°.

Reineklauden

Diese müssen gut ausgebildet, aber noch fest sein. Sie werden durchstochen, gewaschen und dicht in Gläser gefüllt. Zuckerlösung: 700 g Zucker auf 1 l Wasser, Erhitzung: 20 Minuten bei 80°.

Unreife Stachelbeeren

Man wähle möglichst kleine Früchte deutscher Sorten, da die englischen großfrüchtigen Sorten eine zu dicke und harte Schale haben. Man befreie die gereinigten Früchte vom Stiele, durchsteche sie mit einem dünnen Hölzchen und fülle sie möglichst fest in die Gläser. Dann gieße* man die vorher zubereitete Zuckerlösung (750 g Zucker auf 1 l Wasser) darüber und erhitze die Früchte etwa 20 Minuten bei 90°.

Weintrauben

Nicht zu reife Weintrauben werden gewaschen und entweder ganz oder mit der Schere abgebeert, dicht in Gläser gefüllt, mit Zuckerlösung (500 g Zucker auf 1 l Wasser) übergossen und 20 Minuten bei 80° sterilisiert.

Zwetschgen (siehe auch Pflaumen)

kann man ganz mit Stein (durchstechen), oder ohne Stein (man schneide die Zwetschgen in der Naht auf und nehme den Stein, der sich aber leicht lösen muss, heraus) oder ganz geschält (siehe *Einlegen des Obstes, Allgemeines*) frisch halten. Man lege die Zwetschgen möglichst dicht in Gläser, gebe eine Zuckerlösung (700 g Zucker auf 1 l Wasser) darüber und erhitze 20 Minuten bei 80°.

Um das ganze Jahr hindurch Zwetschgenkuchen backen zu können, halte man die Zwetschgen folgendermaßen frisch: Man wische die Früchte mit einem Tuche sauber ab, entsteine sie, halbiere die Hälften nochmals, fülle sie möglichst fest in Gläser und erhitze ohne Zuckerlösung langsam 20 Minuten bei 80°.

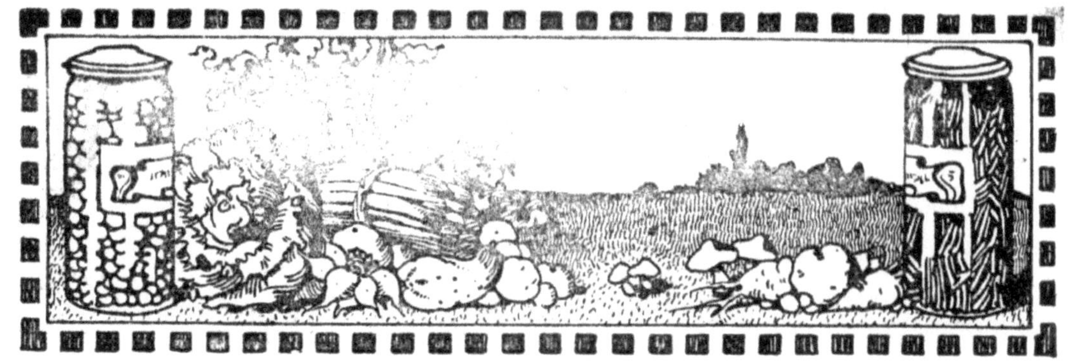

Das Einlegen der Gemüse und Pilze

1. Vorbemerkung.

Wie schon an anderer Stelle hervorgehoben, sind die Gemüse in der Regel, nachdem sie in üblicher Weise geputzt und gereinigt worden sind, einige Minuten in kochendem gesalzenem Wasser oder besser im Gemüsedämpfer abzubrühen. Die roh eingefüllten Gemüse würden sonst zum großen Teil nicht so rein schmecken und gewöhnlich auch nicht weich genug werden. Unbedingt nötig ist das Vorkochen in Salzwasser also nicht.

Bei grünen Bohnen, jungen Erbsen und Ähnlichem empfiehlt es sich, das Vorkochen und Sterilisieren rasch zu bewerkstelligen, da dieselben an heißen Tagen leicht sauer würden. (Siehe die Anmerkung, welche bei *Grünen Bohnen* gemacht ist.)

Von Pilzen kaufe oder sammle man nur kleine und mittelgroße Stücke; zu alte, ausgewachsene, sich feucht anfühlende Pilze sind als verdächtig zu verwerfen, auch wenn sie zu den essbaren Arten zählen.

Gemüse und Pilze brauchen eine längere Kochzeit wie Obst. Man breche also ja nicht die Kochzeit ab; die vermeintliche Zeit- und Feuerungsersparnis würde sich durch das Verderben des Eingelegten bitter rächen. Die angegebene Sterilisationsdauer bei den Gemüsen (speziell bei Erbsen und Bohnen) gilt nur für frisch gepflückte Ware. Bei Marktware ist die Sterilisationsdauer vorsichtshalber zu erhöhen.

Auf alle Fälle empfiehlt es sich jedoch, das Gemüse einige Tage nach dem Sterilisieren nochmals eine kürzere Zeit zu sterilisieren. (Siehe unter *der Frischhaltungsprozess*, Seite 26.)

2. Zutaten

Als Zutat zu den Gemüsen und Pilzen dient in der Regel eine einfache Salzlösung im Verhältnis von l Liter Wasser und 10 g (ein Kaffeelöffel voll) Salz. Die Berechnung der Menge der Salzlösung und die Höhe derselben in den Gläsern ist gleich wie bei der Zuckerlösung. (Siehe: *Das Einmachen des Obstes, Zutaten, Seite 38.*)

In neuerer Zeit haben wir häufiger Versuche gemacht, Gemüse nur mit klarem Wasser zu sterilisieren, was gute Resultate ergeben hat. Das unter *der Gemüsedämpfer Gesagte (Seite 18)* ist zu berücksichtigen.

3. Rezepte

Blumenkohl

Nur ganz fester, weißer Blumenkohl ist geeignet. Man zerlegt denselben in große Stücke und legt diese 3 Stunden in kaltes, fließendes Wasser. Hat man keine Wasserleitung, so muss das Wasser öfters gewechselt werden. Dann nimmt man einen Kochtopf, in dem die Blumenkohlstückchen reichlich Platz haben, füllt diesen etwa drei Viertel hoch mit Wasser, lässt dieses zum Kochen kommen, zieht den Topf vom Feuer oder dreht das Gas ab, gibt sofort die Blumenkohlstückchen hinein, deckt den Topf zu und wartet, bis die Stückchen anfangen weich zu werden, was etwa 8–12 Minuten dauert. Dann nimmt man die Stückchen rasch aus dem heißen Wasser, taucht sie einen Augenblick in kaltes Wasser und legt sie auf einen Seiher oder ein Sieb zum Abtropfen. Dann schichtet man die Röschen, die Strünke nach innen, dicht in Gläser, gießt ungesalzenes Wasser darüber und sterilisiert: enge Gläser 60 Minuten bei 100°, weite Gläser 75 Minuten bei 100°. Da Blumenkohl stark gedüngt zu werden pflegt, ist es ratsam, lieber etwas länger zu wässern, da sonst der Dunggeschmack nicht zu entfernen ist.

Bohnen

Neben Spargel und Erbsen wird wohl keine andere Gemüseart so häufig als Konserve benutzt, wie die Bohnen. Die Bohnen können, je nach ihrer Art, auch auf die verschiedenste Art und Weise sterilisiert werden. Zum Auffüllen verwendet man bei Bohnen am besten kein Salzwasser, welches, wenn das Wasser nicht ganz weich ist, die Bohnen hartmacht, sondern nur abgekochtes Wasser ohne Zugabe von Salz.

1. **S c h n e i d e b o h n e n .** Zum Sterilisieren als Schneidebohnen eignen sich namentlich gut die sogen. Speckbohnen, d. h. solche Bohnen, welche fleischig, möglichst lang und breit sind und welche gegen ihre Reifezeit nicht hart werden.

Diese Bohnen werden von den *Fäden* sauber befreit. Das Abziehen der Fäden soll nach beiden Seiten hin sehr sorgfältig geschehen.

Dann werden die Bohnen geschnitzt, indem sie mit einem scharfen Messer zwar schräg, aber nicht lang, auch nicht zu dick durchschnitten werden, Bohnenschneidemaschinen eignen sich hierzu nicht. Dieses *Schnitzeln* der Bohnen muss möglichst schnell gehen, damit die Schnittflächen nicht einlaufen, d. h. braun werden. Dann werden die geschnitzten Bohnen in den Gemüsedämpfer getan, in etwa 8–10 Minuten halbweich gedämpft, schnell abgeschreckt, in Gläser möglichst fest eingefüllt, die übliche Salzlösung (besser aber ist noch abgekochtes und wieder erkaltetes Wasser) wird darüber gegossen und die Bohnen werden 90 Minuten bei 100° sterilisiert.

Oder: Wie angegeben zubereitete Bohnen werden, nachdem sie vorgebrüht worden und abgetropft haben, mit Fleischbrühe, Butter und Salz aufs Feuer gesetzt und hierin halbweich gedämpft, was in ungefähr 30 Minuten der Fall sein wird. Dann werden sie bis zur Blutwärme abgekühlt, in die Gläser gefüllt und in denselben 60 Minuten bei 100° sterilisiert. Wer sichergehen will, wende das fraktionierte Sterilisieren an.

2. **B r e c h b o h n e n .** Hierzu können sowohl grüne, wie auch gelbe Bohnen, sog. Wachsbohnen verwendet werden. Man nimmt gern runde und möglichst dickfleischige Sorten, wie *Juli-Stangenbohne* und *Hinrichs Riesen*, beide mit grünen Hülsen, und die *Flageolet*, gelbschotige *Nonpareil*, eine Buschbohne mit gelben Hülsen.

Diese Bohnen werden von beiden Seiten sauber abgezogen, dann in kleine, etwa 2 cm lange Stückchen quer durchbrochen, in den Gemüsedämpfer getan, in etwa 8 bis 10 Minuten halbweich gedämpft, möglichst schnell abgekühlt, in die Gläser gefüllt, die übliche Salzlösung wird darüber gegossen und alles in den Gläsern 90 Minuten bei 100° sterilisiert.

Solche Bohnen eignen sich nicht allein vortrefflich zu Salat, sondern auch namentlich zum Garnieren von Gemüseschüsseln usw.

3. **Haricots verts.** Hierunter versteht man sehr zarte, kleine Böhnchen, welche man mit dem Namen *Prinzessböhnchen* bezeichnet. Dieselben werden, nachdem sie am Stielende und der Spitze glatt abgeschnitten, vollständig ganz im Gemüsedämpfer in etwa 8 bis 10 Minuten halbweich gedämpft, dann möglichst schnell abgekühlt, in die Gläser gefüllt, die übliche Salzlösung wird darüber gegossen und die Böhnchen werden in den Gläsern 90 Min. bei 100° sterilisiert. Natürlich verwendet man hierzu nur die ganz jungen Böhnchen, ehe sie bereits „Fäden" gebildet haben. Auch bei den Bohnen sollte das Färben, wie es leider in den Fabriken immer noch gehandhabt wird, vermieden werden, da es nur gesundheitsschädlich wirkt.

4. **Flageolets verts.** Unter *Flageolets verts*, eines der feinsten französischen Gemüse, versteht man die Samen einer Bohnenvarietät, der *Chevriers grün bleibenden Flageolet*, welche wie Erbsen sterilisiert werden. Genannte Bohne zeichnet sich dadurch aus, dass sie eine weniger fleischige Hülse hervorbringt, als stärker ausgebildete grüne Samen (Böhnchen). Die Bohnen werden wie Erbsen von ihrer Hülse befreit, dann im Gemüsedämpfer etwa 10 Minuten vorgebrüht, möglichst schnell abgekühlt, die übliche Salzlösung wird darüber gegossen und die Böhnchen werden dann in den Gläsern 90 Minuten bei 100° sterilisiert.

5. **Bohnen in Essig.** Junge zarte Perlbohnen oder auch die jungen Böhnchen der *Juli-Stangenbohne*, welche sich namentlich ganz besonders gut hierzu eignen, werden an den Spitzen und Stielenden glatt abgeschnitten, dann im Gemüsedämpfer in etwa 8 - 10 Minuten halb weich gedämpft und möglichst schnell abgekühlt. Vorher wird eine Zuckeressiglösung, bestehend aus 750 g Zucker auf 1 l Weinessig, etwas ganzem Zimt und Nelken, welch Letztere in ein Mullsäckchen gebunden werden, gekocht. Abgekühlt wird diese Lösung über die in die Gläser gefüllten Bohnen getan und dieselben werden in den Gläsern 60 Minuten bei 100° sterilisiert.

6. **Bohnen mit Karotten in Essig.** Junge zarte Perlbohnen werden an den Spitzen und Stielenden glatt abgeschnitten. Junge Karotten oder gelbe Rüben werden sauber abgeschabt, gut abgewaschen und in etwa bohnengroße Stücke geschnitten. Hierauf werden im Gemüsedämpfer zuerst die Bohnen in etwa 8 bis 10 Minuten halbweich gedämpft, dann die gelben Rüben 5 Minuten gebrüht und möglichst schnell abgekühlt. Dann werden die Bohnen mit den Karotten schichtweise in die Gläser gefüllt. Vorher wird eine Zuckeressiglösung, bestehend aus 750 g Zucker auf 1 l Weinessig, etwas ganzem Zimt, Nelken und ganzem Ingwer, Letztere in ein Mullsäckchen gebunden, gekocht und abgekühlt über die in den Gläsern befindlichen Bohnen und Karotten gegossen. Die Gläser werden 60 Minuten bei 100° sterilisiert. Ganz vorzüglich zu kalten Platten und von ganz herrlichem Geschmack.

Erbsen

Wohl kein Gemüse wird so gerne konserviert wie gerade Erbsen, entweder für sich allein oder zusammen mit jungen Karotten (Möhrchen). Nicht jede Sorte eignet sich hierzu. Die besten sind bis heute *Ruhm von Cassel* und die *Grünbleibende Feiger*. Die zum Sterilisieren bestimmten Erbsen müssen vollständig frisch sein. Wer Erbsen auf dem Markte kaufen muss, sollte nur Erbsen in den Schoten kaufen, weil man hier größere Gewissheit auf Frische der Erbsen hat, als wenn sie ausgepahlt sind. Nachdem die Erbsen von ihren Hülsen befreit sind, werden sie sauber gewaschen, die obenauf schwimmenden werden entfernt, die anderen im Gemüsedämpfer 10 Minuten vorgebrüht, möglichst schnell, aber vollständig abgekühlt in die Gläser gefüllt und nach Aufgießen der üblichen Salzlösung 100 Minuten bei 100° sterilisiert. Auch hier ist ein Nachsterilisieren nur zu empfehlen.

Hülsenfrüchte

Hülsenfrüchte werden eingeweicht, unter Beigabe von Salz und Suppenkraut weichgekocht und 90 Minuten bei 100° sterilisiert.

Grünkohl (Winterkohl, Krauskohl, Braunkohl)

Frisch geschnittener gefrorener Grünkohl wird grob, die Stiele werden fein geschnitten. Das Gemüse wird tüchtig gewaschen und in reichlich kochendem Salzwasser etwa 10 Min. gekocht, dann fest ausgedrückt, gehackt oder gewiegt, in Gläser gefüllt, mit abgekochtem Wasser übergossen und 120 Minuten bei 100° sterilisiert.

Gurken

1. **Salzgurken.** Halb ausgewachsene, unbeschädigte Gurken werden auf die in jedem Kochbuche angegebene Weise in Fässer oder Steingefäße eingelegt. Sobald die Gurken vollständig durchsäuert und genießbar sind, werden sie mit oder ohne Gewürzkräuter in Gläser gegeben (am besten aufrecht in weite Gläser), die Brühe darüber gegossen und 15 Min.; bei 80° sterilisiert.

2. **Essiggurken.** Hierzu werden auch halb ausgewachsene Gurken verwendet, nur werden sie nicht, wie die Salzgurken, nur mit Wasser, sondern mit halb Wasser, halb Essig in die Steintöpfe eingelegt. (Näheres siehe in jedem Kochbuche.)

Sobald diese Gurken durchsäuert sind, werden sie mit ihrer Brühe 15 Minuten bei 80° sterilisiert.

3. **Pfeffergurken** (kleine Essiggurken). Hierzu werden die bekannten kleinen Gürkchen, welche aber fleckenlos sein müssen, verwendet. Die Gürkchen werden einige Male in viel Wasser gewaschen, dann einzeln mit dem Gemüsebürstchen abgebürstet und an den beiden Enden ein kleines Käppchen abgeschnitten. Dann übergießt man die bekannten Gurkenkräuter mit kochendem Weinessig und lässt sie eine Viertelstunde ausziehen. Inzwischen hat man Gläser mit Gurken gefüllt, auf 1 Glas Gurken gibt man 8 Pfefferkörner und 10 g Salz (einen gehäuften Kaffeelöffel voll) und zuletzt den Essig (kalt oder warm). Die Gurkenkräuter kommen nicht in das Glas. Man sterilisiert 15 Minuten bei 80°.

4. **Senfgurken.** Reife, gelbe, nicht zu weiche Gurken werden geschält, halbiert und mit dem Löffel oder einem silbernen Löffel von den Kernen befreit, in fingerlange und zweifingerbreite Stücke geschnitten und in einer Schüssel mit Salz bestreut weggestellt. Am anderen Tage werden die Gurken abgetrocknet und am besten in breite Gläser gefüllt. Die Zwischenräume werden mit weißen Senfkörnern, Meerrettichstückchen und kleinen Zwiebelchen ausgefüllt. Dann wird abgekochter, erkalteter Weinessig darüber gegossen und die Gläser 15 Minuten bei 80° sterilisiert.

5. **Gurkensalat.** Kernlose Gurken werden geschält, gehobelt und die Scheiben möglichst rasch in Gläser gefüllt. Hierauf gießt man eine leichte Essiglösung darüber und sterilisiert 20 Minuten bei 80°. Öl und Salz wird erst beim Anrichten zugegeben.

Karotten (auch Möhren, Mohrrüben, gelbe Rüben)

Von diesen gibt es verschiedene Arten; die besten Sorten sind diejenigen, welche angenehm süßlich schmecken. Man nehme die Karotten nicht zu klein, da sie in diesem Zustande noch keinen richtigen Geschmack haben. Halbgroß sind sie am zweckmäßigsten, weil sie dann nicht zu teuer und am wohl schmeckendsten sind. Alte holzige Karotten kann man nicht mehr gebrauchen.

1. Die Karotten werden vom Kraut befreit und gewaschen. Dann dämpft man sie im Gemüsedämpfer 10 bis 15 Minuten, vielleicht auch noch länger, bis sie halbweich sind und sich die Haut leicht abstreifen lässt. Ist dies der Fall, so bringt man den Gemüsedämpfer mit den Karotten in ein Gefäß mit kaltem Wasser und streift mit den Fingern oder einem Tuch die Haut ab. Sollte sich diese hier und da nicht ganz ablösen, so hilft man mit dem

Messer nach. Schließlich wäscht man die abgestreiften Karotten mit kaltem Wasser nochmals ab, damit sie ganz rein aussehen. Das Abhäuten auf diese Art ist dem Abschaben der Karotten entschieden vorzuziehen. Große schneidet man in Hälften, Viertel oder noch kleinere Stücke. Die so vorbereiteten Karotten füllt man bis oben in Gläser, gibt auf je 1 l einen Kaffeelöffel voll gestoßenem Zucker zu und gießt in üblicher Weise die gewöhnliche Salzlösung darüber. Sterilisationsdauer: 90 Minuten bei 100°.

2. K a r o t t e n   m i t   g r ü n e n   j u n g e n   E r b s e n . Will man Karotten mit grünen, jungen Erbsen einmachen, so bereitet man die Karotten in obiger Weise vor. Die Erbsen muss man 10 Minuten vorkochen. Dann mischt man alles in einer Schüssel und füllt die Gläser ganz voll. Auf je 1 l gibt man einen Kaffeelöffel voll gestoßenem Zucker, gießt die Salzlösung darüber und sterilisiert 90 Minuten bei 100°.

Kohlrabi

Junge Kohlrabis sind am geeignetsten. Sie werden geschält und ganz in dem Gemüsedämpfer in etwa 15 Minuten, in Scheiben oder Stifte geschnitten, in etwa 10 Minuten halbweich gedämpft, abgekühlt in Gläser gefüllt, mit Salzlösung übergossen und 60 Minuten bei 100° sterilisiert.

Pilze

Von den Pilzen können alle essbaren Sorten eingelegt werden, wir bringen jedoch nachstehend nur die gebräuchlichsten. Bei Pilzen hat man ganz besonders darauf zu achten, dass sie frisch sind, da sie ungemein rasch in Fäulnis übergehen; auch die ganz großen, ausgewachsenen Exemplare sind zum Gebrauch nicht zu empfehlen.

Der C h a m p i g n o n   ist der feinste. Man schneidet den unteren, sandigen Teil des Stieles ab, befreit die kleineren Champignons mit einem Messer von ihrer Haut; bei großen schneidet man den Stiel vom Hut ab und schält ihn. Von dem Hut zieht man die obere Haut von dem Rand nach der Mitte ab und schabt die auf seiner unteren Seite befindlichen Blättchen (Lamellen) weg. Alle geputzten Teile werden sofort in kaltes Wasser gelegt, das mit etwas Essig oder Zitronensaft versetzt ist. Dies geschieht, damit die Pilze weiß bleiben. Hierauf bringt man sie abgetropft in einen säurebeständigen, mehr breiten als hohen Kochtopf mit ganz wenig (1 cm hoch) schwach gesalzenem kochendem Wasser, welchem man ebenfalls etwas Essig oder Zitronensaft beigefügt hat, und dünstet die Pilze zugedeckt so lange, bis dieselben sich weich anfühlen, was nach etwa 10 Minuten der Fall ist. Dann nimmt man sie aus dem Saft heraus und lässt sie auf einer Schüssel abkühlen. Hierauf füllt man die Pilze in Gläser, große und kleine für sich, und gibt die gewonnene abgeseihte Brühe dazu. Sollte diese Brühe nicht reichen, so hilft man mit der gewöhnlichen Salzlösung nach. Sterilisation: für die kleinen Pilze 50 Minuten, für die großen 60 Minuten bei 100°.

Der Feld=Champignon wird auf gleiche Weise zubereitet.

Steinpilze. Man nimmt am besten kleine oder mittelgroße Pilze; die ganz ausgewachsenen sind gewöhnlich madig und zu weich. Den Stiel trennt man vom Hute ab. Der untere, erdige Teil des Stieles wird abgeschnitten, dann wird der Stiel geschält und quer in zwei Teile geteilt. Die grünliche Röhrenschicht an der unteren Seite des Hutes wird mit dem Messer abgelöst und dann die obere braune Haut des Hutes abgezogen. Den Hut schneidet man in 2 = 3 Teile. Die geputzten Stückchen werden sofort in kaltes, mit Essig oder Zitronensaft angesäuertes Wasser gelegt, damit sie weiß bleiben. Nun bringt man einen säurebeständigen mehr flachen als hohen Kochtopf mit gesäuertem Wasser (1 cm hoch) aufs Feuer und wirft die Pilzstücke hinein, deckt zu und lässt einmal aufkochen. Die weitere Behandlung ist wie beim Champignon. Sterilisationsdauer: 60 Minuten bei 100°.

Pfifferlinge (Pfefferlinge, Eierschwamm) Auch hier werden am besten die kleinen und mittelgroßen Pilze verwendet. Man schabt die Blättchen auf der unteren Seite der Pilze und den Stiel mit einem Messer ab, ebenso die obere Seite, falls dies nötig sein sollte. Dann legt man die Pilze in kaltes Wasser, bringt einen mehr flachen als hohen Kochtopf mit Wasser (1 cm hoch) aufs Feuer, tut die Pilze hinein und kocht zugedeckt etwa 5 Minuten. Dann nimmt man sie vom Feuer, seiht sie ab und gießt kaltes Wasser darüber. Nun schneidet man die Pilze auf einem Brett der Länge nach in 2 = 4 Teile, die kleinen lässt man ganz, füllt sie bis oben in Gläser, gibt die gewöhnliche Salzlösung daran und sterilisiert 60 Min. bei 100°.

Rhabarber

Die von der Pflanze abgedrehten, nicht abgeschnittenen Stängel werden gewaschen, geschält und in etwa 1 bis 1 1/2 cm starke Würfel geschnitten. Diese werden mit Zucker bestreut und ohne Wasser aufs Feuer gestellt. Auf 1 kg Rhabarber nimmt man 1/2 kg Zucker und ein kleines Stückchen Vanille. Nachdem alles zusammen langsam zum Kochen gebracht worden ist und einige Minuten aufgewallt hat, wird das Kompott zum Abkühlen fortgestellt. Abgekühlt wird es, nachdem die Vanille entfernt worden ist, in Gläser gefüllt und 30 Min. langsam bei 100° sterilisiert.

Rosenkohl

feste Röschen werden von den angewelkten Blättern befreit, gewaschen, im Gemüsedämpfer 15 Minuten vorgebrüht, die übliche Salzlösung darüber gegossen und 90 Minuten bei 100° sterilisiert.

Rote Rüben (stellenweise Karotten genannt)

Platte runde sind am geeignetsten. Diese kann man ganz oder in Scheiben oder Würfel geschnitten einmachen. Man dreht das Kraut bis zweifingerbreit von der Rübe ab, wäscht diese in sehr viel Wasser, aber sorgfältig, damit die Haut nicht verletzt wird. Dann dämpft man große Rüben drei viertel Stunde und kleine eine halbe Stunde im Gemüsedämpfer, bringt dann den Gemüsedämpfer in ein Gefäß mit kaltem Wasser und streift die Haut von den Rüben ab, wie es bei den Karotten beschrieben ist. Man kann die Rüben ganz oder in Scheiben oder Würfel zerschnitten in Gläser legen und, je nachdem man die Rüben später verwenden will, Wasser oder verdünnten Essig über sie gießen, Sterilisierzeit: 1 Stunde bei 100°.

Rotkraut

wird im Allgemeinen wie Weißkraut behandelt, nur verwendet man beim Vorkochen etwas Essig mit Zucker. Beim Einfüllen in Gläser verwendet man die beim Vorkochen erhaltene Brühe. Sterilisierdauer: 75 Minuten bei 100°.

Sauerkraut

Nachdem das Sauerkraut auf bekannte Weise im Krautfass eingemacht worden ist, wartet man so lange, bis es am besten schmeckt. Dann ist die Zeit gekommen, es in die Gläser einzulegen. Man setzt das Sauerkraut in einem geeigneten Kochtopf mit kochendem Wasser aufs Feuer, deckt zu und kocht eine Stunde. Dann lässt man es abkühlen, füllt es mit der Brühe in die Gläser und sterilisiert 30 Minuten bei 100°. Auf diese Weise hat man das ganze Jahr ein wirklich gutes, mildes Sauerkraut.

Schwarzwurzeln

werden tüchtig gewaschen und mit einer Bürste gereinigt. Dann werden sie geschabt und in kaltes Wasser geworfen, dem man, auf 2 Liter gerechnet, 1 Esslöffel Mehl und 2 Esslöffel Essig beifügt. Dann sieht man die Schwarzwurzeln nochmals nach, schneidet sie in halbfingerlange Stücke und wirft sie wieder in Wasser, dem Mehl und Essig zugesetzt ist. Darauf wäscht man sie gründlich, dämpft sie im Gemüsedämpfer in etwa 10 Minuten! halb weich, füllt sie fest in Gläser, übergießt sie mit leicht gesalzenem Wasser und sterilisiert 90 Minuten bei 100°.

Sellerie

Das Kraut wird von den Knollen abgedreht und diese mit einer Gemüsebürste rein abgebürstet, geschält und kleine 15, große 20 Minuten im Gemüsedämpfer vorgedämpft, dann warm oder kalt, ganz oder zerschnitten (je nach der späteren Verwendung) in Gläser eingeschichtet und eine Stunde bei 100° sterilisiert.

Spargel

1. **Stangenspargel.** Der Spargel, der bekanntlich eines der feinsten Gemüse ist, wird auf folgende Weise eingelegt. Für Stangenspargel eignet sich am besten unser hohes 1 1/2 Liter=Glas Nr. 6E, in welches etwa 2 1/2 Pfund Spargel geht, sowie das 1/2 Liter=Glas Nr. 2A, in welches etwa 1 Pfund Spargel geht. Für kleinere Spargelsorten ist das 1/2 Liter=Glas Nr. 2 und das 1/3 Liter=Glas Nr. 1 zu empfehlen.

Der untere Teil des Spargels wird in bekannter Weise mit einem Messer von seiner holzigen Schale befreit. Dann schneidet man alle Stücke unten so ab, dass sie gleich lang sind. Hierauf legt man die Spargel etwa eine halbe Stunde in kaltes Wasser, das man alle 10 Min. erneuert. Inzwischen hat man ein enges Gefäß mit kochendem, schwach gesalzenem Wasser aufs Feuer gebracht, in welches man die Spargel aufrecht stellt, und zwar so, dass das Wasser nicht über die Köpfe geht. Nun kocht man zugedeckt 5 Min. Hierauf nimmt man die Spargel heraus, übergießt sie mit kaltem Wasser und bringt sie, die Köpfe nach unten, in die Gläser, fügt die Salzlösung bei und sterilisiert 90 Minuten bei 100°, nach 5 bis 6 Tagen nochmals 20 Minuten. Die Köpfe der Spargel werden nach unten getan, damit sie beim Herausnehmen nicht abbrechen.

2. **Bruchspargel.** Die Köpfe von abgebrochenem Stangenspargel und sonstige zarte Stücke kann man ebenfalls einlegen, indem man sie wie die Stangenspargel eine halbe Stunde wässert. Dann übergießt man sie in einer Schüssel mit kochendem, schwach gesalzenem Wasser, deckt zu und lässt sie 6 Minuten stehen. Hierauf füllt man die Stückchen abgetropft in die Gläser, gibt die Salzlösung bei und sterilisiert 90 Min. bei 100°.

Diese Stückchen lassen sich entweder in weißer Sauce aufgekocht als Gemüse, oder als Salat oder zur Spargelsuppe verwenden. Auch der Bruchspargel muss nach einigen Tagen nachsterilisiert werden.

Eine andere vorzüglich erprobte Art, Spargel zu sterilisieren, ist diese: Die Spargel werden 2–3 Stunden gewässert (am besten in fließendem Wasser, sonst wechselt man dasselbe jede Viertelstunde), roh in die Gläser eingefüllt, mit abgekochtem, verkühltem Wasser aufgefüllt und sterilisiert: 2 Liter-Gläser 135 Min. bei 100°, 1 1/3 Liter-Gläser 120 Min. bei 100°, 1 Liter-Gläser 100 Minuten bei 100°. Man versäume hier nicht das Nachsterilisieren.

Spinat

Die Blätter, die jung und zart sein müssen, werden gewaschen und im Gemüsedämpfer etwa 10 Minuten gedämpft, bis sie zusammenfallen. Darauf werden sie gehackt oder durch die Fleischmaschine getrieben. Der Spinatbrei wird samt dem ausgetretenen Saft in Gläser gefüllt und 60 Minuten bei 100° sterilisiert. Man verwende niemals spät und stark gedüngten Spinat.

Tomaten, ganz

Man kann die Tomaten mit und ohne Haut einmachen. Im ersteren Falle durchsticht man die Haut mehrere Male mit einem Hölzchen, im letzteren Falle entfernt man die Haut durch Eintauchen der Tomaten in heißes Wasser (siehe: *Einlegen des Obstes, Allgemeines*). Nach diesen Vorbereitungen schichtet man die Tomaten dicht in Gläser, gießt abgekochtes Wasser darüber und sterilisiert 40 Minuten bei 90°.

Tomatenbrei

Die Tomaten werden vom Stiel befreit und dann gewaschen. In einem säurebeständigen Kochtopf hat man etwa 1 cm hochkochendes Wasser. In dieses bricht man die Tomaten in Stücke (also nicht mit dem Messer schneiden). Nun lässt man sie unter zeitweiligem Umrühren auf schwachem Feuer so lange kochen, bis sie sich leicht zerdrücken lassen, was in etwa einer halben Stunde der Fall ist. Dann treibt man die Tomaten durch ein Sieb. Das Durchgetriebene füllt man bis zwei Finger breit vom oberen Rande in Gläser (für kleine Familien eignet sich das Milchglas Nr. 8 sowie das Sturzglas Nr. 0) und sterilisiert 30 Minuten bei 100°.

Das von verschiedenen Seiten empfohlene Eindicken des Tomatenpürees vor dem Einmachen ist entschieden zu verwerfen. Die Tomate soll ihres feinen Aromas halber so wenig wie möglich gekocht werden. Die beim Durchtreiben übrig gebliebenen Kerne und Häute kann man besonders einmachen; sie dienen gelegentlich zum Würzen.

Kraut und Gelees

Auch das Kraut und die Gelees werden wie gewöhnlich zu bereitet; man füllt sie heiß in vorgewärmte Gläser — am besten verwendet man Sturzgläser — bis 2 cm vom Glasrand und sterilisiert Kraut 10 Minuten bei 90°, Gelees 15 Min. bei 90°.

Fruchtsäfte und Moste

Man stellt die Fruchtsäfte entweder in gewohnter Weise her oder benutzt dazu die bewährten Fruchtsaft-Gewinner Nr. 48A oder 48B. Der gewonnene Fruchtsaft, filtriert oder unfiltriert, wird in Gläser oder Flaschen (bis 2 cm vom Glasrand) gefüllt und 15 Min. bei 75° sterilisiert.

Das Einlegen des Fleisches, Wildbrets, Geflügels und der Wurstwaren

1. Vorbemerkung

Es unterliegt keinem Zweifel, dass das Sterilisieren von Fleischspeisen weit schwieriger ist, als das Sterilisieren von Obst und Gemüse. Bei Obst und Gemüse hat man nur mit zwei Faktoren zu rechnen, der tadellosen Beschaffenheit der Ware und der sorgfältigen Behandlung derselben während des Sterilisierprozesses. Bei sterilisierten Fleischspeisen fällt noch ein Umstand schwer ins Gewicht: das sorgfältige Kochen derselben vor dem Sterilisieren. Auch die Frage: *Zum Sterilisieren geeignet oder ungeeignet?* ist bei Fleischspeisen weit ernster zu nehmen.

Nur beste Qualität Fleisch, dessen Aussehen und Geruch von tadelloser Beschaffenheit ist, darf beim Sterilisieren zur Verwendung kommen. Fleischspeisen jeder Art sind zum Sterilisieren geeignet: Gekochtes und gebratenes Fleisch, gedämpftes Fleisch sowie panierte Schnitzel und Koteletts. Die Art des Einlegens in die Gläser ist, den verschiedenen Speisen entsprechend, eine verschiedene. Auch spielt hier der Geschmack eine Rolle. Während die einen z. B. mehr für ganz eingelegte Braten sind, ziehen die anderen tranchierte, mit Sauce übergossene Fleischscheiben vor.

Die Fleischspeisen müssen vor dem Einlegen in die Gläser gargekocht oder gebraten sein, wobei man jedoch die Vorsicht beachten muss, sie nicht zu weich werden zu lassen, da das Fleisch die richtige Weiche erst im Glase bekommen soll.

Die so vorbereiteten Fleischspeisen legt man in Stücken dicht nebeneinander oder aufeinander, damit wenig Zwischenraum bleibt, und füllt die Gläser bis zwei Finger breit vom oberen Rand. Die Brühe oder Sauce soll auch nicht höher heraufgehen. Der Raumersparnis wegen beseitigt man aus dem Fleisch die größeren Knochen, füllt also die Gläser möglichst nur mit Fleischstücken. Ebenso zerlegt man das Geflügel.

Gebratenes Fleisch kann auf die verschiedenste Art sterilisiert werden:

1. Trocken, ohne jeden weiteren Zusatz.

2. Gebrauchsfertig, wie es auf den Tisch kommt.

3. In gallertierter Sauce.

4. In klarer Butter oder Fett eingeschmolzen.

5. In klarer Gallerte.

Bei den Fleischsorten, die man recht knusperig gebraten liebt, ist das Eingießen in Fett oder Butter vorzuziehen. Durch das Sterilisieren mit Sauce verliert manches Fleisch das hart Gebratene, es schmeckt mehr gedämpft. Daher schmeckt Geflügel, wie Gans, Ente, Rebhuhn usw., besser, wenn es auf die eben angegebene Art behandelt wird. In diesem Falle wird die Sauce allein sterilisiert und allein erwärmt. Beim Anrichten wird das Fleisch kalt aus dem Glase genommen und im Bratofen in frischer Butter schnell angebraten. Das zum Eingießen benutzte Fett wird anderweitig verwertet, wie z. B. zum Schmälzen von Gemüsen und Suppen usw.

Gekochtes Fleisch wird in der eigenen Brühe sterilisiert. Wer gut und besonders sicher arbeiten will, nimmt gallertierte Kraftbrühe.

Dicke Suppen, wie Kartoffel-, Leguminosensuppen, werden länger sterilisiert als Fleischsuppen. Sie brauchen nicht gallertiert zu werden, was sich bei Fleischsuppen entschieden empfiehlt. Hier genügt ein Mitkochen von Kalbsknochen oder Geflügelknochen, um die Suppe genügend steif zu machen. Bei allen Suppen, die gebunden werden, darf das Mehl erst beim Wiedererwärmen zugesetzt werden. Vor dem Sterilisieren hinzugesetztes Mehl verdünnt sich und gefährdet die Haltbarkeit der Suppen. Dieselbe Regel gilt auch bei Bratensaucen. Die Sterilisationsdauer für Fleisch, Wild und Geflügel beträgt 60 Minuten bei 100° C.

2. Rezepte

Sülze (12–16 Personen)

2 1/2 Pfund gesalzenes Schweinefleisch, 1 Schweinsohr, zwei Kalbsfüße, 1 Schweinsfuß, Gewürz. Die Füße werden kleingeschlagen und mit dem Fleisch aufs Feuer gesetzt, nachdem man 5 1/2 Liter Wasser, etwas Salz, 15 Pfefferkörner, 2 Gewürznelken, ein Stück Sellerie, Mohrrübe, Lauch und eine Zwiebel dazugegeben hat. Während des Kochens schäumt man die Brühe ab. Das Rippenstück wird zuerst weich; man löst es von den Knochen und gibt diese in den Topf zurück; dann wird das Schweinsohr aus der Brühe genommen, zuletzt die Füße. Sind diese weich, so ist die Brühe genügend eingekocht. Man gießt sie durch ein Haarsieb und stellt sie bis zum anderen Tage an einen kühlen Ort. Das Fleisch muss ebenfalls (fest zugedeckt) kühl aufbewahrt werden. Am anderen Tage entfettet man die zu Gallerte gewordene Brühe, lässt sie heiß werden, rührt den Schaum von vier Eiweiß hindurch, kocht dies einmal auf und stellt die Brühe in den heißen Backofen, bis sie vollständig klar ist. Dann gießt man sie durch ein Barchenttuch. Das Rippenstück wird in dünne Scheibchen geschnitten, das Schweinsohr und Fleisch von den Füßen in ganz feine Streifchen. Dann füllt man Fleisch und Brühe in Sturzgläser und sterilisiert 60 Minuten bei 98°.

Klares, sehr kräftiges Fleischgelee

Ein Pfund Ochsenfleisch (Beinfleisch) wird in kleine Würfel geschnitten, 1 Pfund Kalbshesse ebenfalls, ein Kalbsfuß wird in 4 Teile geschlagen, ein Stückchen Sellerie, Zwiebel, Mohrrübe und Lauch zum Gebrauch vorgerichtet. Alles zusammen gibt man mit 1 Liter kaltem Wasser in einen fest schließenden Topf — am besten Dampftopf — und lässt die Brühe ganz langsam 5 Stunden kochen. Dann gießt man sie durch ein Haarsieb und lässt sie erkalten. Wenn das Gelee ganz steif ist, nimmt man alles Fett ab, erwärmt es nochmals, klärt es mit dem geschlagenen Eiweiß von zwei Eiern und gießt es durch ein Barchenttuch. Dann salzt man es, würzt es und sterilisiert das Gelee 60 Min. bei 100°. Man kann dieses Fleischgelee auf verschiedene Art würzen, mit einigen Tropfen Essig, mit Zitronensaft, mit einem Teelöffel Weißwein oder Madeira. Den feinsten und kräftigsten Geschmack ergeben 6 Tropfen Maggis Würze.

Straßburger Gänseleberpastete

Zwei Pfund Straßburger Gänseleber, 1 1/2 Pfund fettes Schweinefleisch, 2 Eier, Salz, Pastetengewürz, 2 Esslöffel voll Madeira, 1/2 Pfund sterilisierte oder gedämpfte Trüffeln. Die Leber wird in Milch abgewaschen, getrocknet und gehäutet. Ein Pfund wird in dicke Scheiben geschnitten, die man leicht mit Salz bestreut und mit Trüffelstücken spickt. Das andere Pfund Leber wird mit dem Schweinefleisch durch die Fleischmaschine getrieben und mit Eiern, Salz, Pastetengewürz, Madeira und fein geschnittenen Trüffeln tüchtig verrührt. Sturzgläser werden mit Butter ausgestrichen und so gefüllt, dass Boden, Ränder und Oberseite der Pastete aus Farce besteht, während die Leberstücke in der Mitte liegen. Dann sterilisiert man 2 1/2 Stunden bei 98°.

Fasanen=Pastete

Ein Pfund gebratenes Fasanenfleisch, 1/2 Pfund Kalbfleisch, 1/2 Pfund Schweinefleisch (rosa gebraten), 2 Eier, Salz, Gewürz, 2 Esslöffel Madeira, Sauce, 1/4 Pfund sterilisierte Trüffeln.

Das Fleisch wird von Haut und Abfall befreit und mehrere Male durch die Fleischmaschine getrieben. Die Fasanenknochen werden zerstampft, in Butter angebraten und zu einer Kraftsauce eingekocht, die man mit der Bratensauce mischt. Die Fasanenleber wird geschabt und durch ein Sieb gestrichen. Dann mischt man alle angegebenen Zutaten tüchtig untereinander, füllt die Masse in Sturzgläser, die gut mit Butter ausgestrichen sind, und sterilisiert 1 1/2 Stunden bei 98°.

Oeslinger Pastete (kalt)

1 1/2 Pfund Leber, 3/4 Pfund frisches Schweinefleisch, 185 g frischer Speck. 3 Eier. 1 1/2 Brötchen, 30 Morcheln, 150 g Butter, 1 1/2 Glas Weißwein, Gewürz, Maggis Würze.

Die Butter wird zu Schaum gerührt, mit den Eiern, geriebener Zwiebel, Salz, Pfeffer und Nelkenpfeffer vermischt. Leber, Schweinefleisch, Speck und die eingeweichten, wieder ausgedrückten Brötchen werden zweimal durch die Fleischhackmaschine getrieben und alles zusammen gut durchgearbeitet. 30 Morcheln (es können getrocknete sein, doch müssen diese, des anhaftenden Sandes wegen, etwa zehnmal gewaschen und dann geweicht werden) werden fein gewiegt und mit dem Wein und 12 Tropfen Maggis Würze durch die

Pastetenmasse hindurchgerührt, die sofort in gut ausgestrichene Gläser gefüllt und 2 1/2 Stunden bei 98° sterilisiert wird. Die angegebene Masse füllt zwei große Sturzgläser (Nr. 6C) und mehrere kleine. Diese Pastete ist sehr fein und der Gänseleberpastete sehr ähnlich. Man serviert sie mit Weißbrot und frischer Butter.

Gänselebern mit Trüffeln in Aspik

Zwei Pfund Kalbsjus, 2 Pfund Ochsenjus, 3 Kalbsfüße und ein halbes Huhn werden mit 6 Liter Wasser aufs Feuer gebracht und 7 - 8 Stunden langsam gekocht. Nach 3 Stunden gibt man Salz, Pfeffer, Gewürznelken, Zwiebel, Sellerie, Lauch und Mohrrübe an die Brühe. Hat dieselbe lange genug gekocht, so gibt man sie durch ein Haarsieb und lässt sie erstarren. Am anderen Tage nimmt man alles Fett ab, erwärmt die Gallerte im Wasserbade, gießt 1/4 Flasche Madeira hinzu, schlägt den Schnee von 6 Eiern mit der Brühe und lässt diese klären.

Eine Gänseleber wird in Kraftbrühe gedämpft, in warmem Wasser abgespült, vorsichtig getrocknet und in ein Sturzglas gelegt. Zwei frische Trüffel, die man geschält und in Kraftbrühe gedämpft hat, werden in Scheiben geschnitten und möglichst zwischen Glas und Gänseleber gepresst (auf diese Weise können sie sich nicht so leicht verschieben). Dann übergießt man die Gänseleber mit der durch ein Barchenttuch gegebenen Brühe und sterilisiert 60 Minuten bei 100°.

Die angegebene Gallerte reicht für zwei Gänselebern.

Gans in Gelee

Eine recht fleischige Gans wird in Stücke zerlegt (die Knochen hackt man durch) und mit kaltem Essig-Wasser – ungefähr 2 Liter Wasser und 1 Liter Essig – aufs Feuer gesetzt. Dann fügt man Salz und 20 Pfefferkörner hinzu, ein Lorbeerblatt, eine Mohrrübe, ein Viertel Sellerie, eine große Zwiebel und kocht die Stücke, indem man die Brühe abschäumt, weich (etwa 2 1/2 Stunden). Dann nimmt man sie aus der Brühe, schwenkt sie in klarem Wasser ab und legt sie in Sturzgläser, nachdem man alle Haut vorsichtig abgezogen hat. Die Brühe wird durch ein Haarsieb gegeben, gänzlich entfettet und Gelatine – etwa 20 g auf 1 Liter Flüssigkeit – in derselben aufgelöst. Das Gelee muss zum Schneiden steif sein. Dann wird die Brühe mit dem zu Schnee geschlagenen Weißen von sechs Eiern geklärt, abgeschmeckt, über die Fleischstücke gegossen und sterilisiert.

Hasenfleisch in Gelee

1/2 Liter Wasser und 1/2 Liter Essig werden zum Kochen gebracht und die Hinterläufe und der Rücken eines Hasen in die Brühe gegeben. Dann fügt man Salz, Sellerie, Zwiebel, Mohrrüben, Lauch und ein Lorbeerblatt nebst Pfefferkörnern hinzu und kocht den Hasen gar. Darauf löst man das Fleisch von den Knochen und gibt diese in die Brühe zurück. Nach einer Stunde siebt man die Brühe durch und stellt sie kalt. Am anderen Tage schneidet man das Fleisch in schöne Scheiben und legt es in ein Sturzglas. Die Brühe wird erwärmt, mit einem Ei geklärt, mit 1/4 Liter Schwartengallerte oder mit Gelatine vermischt, mit Fleischextrakt (1/2 Teelöffel voll) gefärbt und mit sechs Tropfen Maggis Würze gewürzt. Dann gießt man sie über die Fleischstücke und sterilisiert 60 Minuten bei 100°.

Kalbfleisch als Salm

Ein Stück Fricandeau wird der Größe eines 1 1/3 Liter-Glases angepasst und folgendermaßen vorbereitet: Man reibt es fest mit Salpeter ein, dann mit Salz und legt es vier Tage lang in folgende Marinade: Weinessig mit Lorbeerblättern, Pfefferkörnern, Gewürznelken, Zwiebelscheiben und Wacholderbeeren. Dann nimmt man das Fleisch aus der Brühe und siedet es in der Marinade, die man mit Salzwasser verdünnt, weich, schwenkt es in klarem Wasser ab, übergießt es mit Schwartengallerte und sterilisiert 60 Minuten bei 100°.

Beim Gebrauche wird das Fleisch aufgeschnitten und mit *Sauce diable* oder *Remouladensauce* serviert. Man garniert es mit harten Eiern, Petersiliensträußchen und der gehackten Gallerte.

Kalbskeule

Die Haxe wird abgehackt, mit Wurzelwerk gekocht und zu Sülze verwandt. Die übrige Keule wird, je nach der Größe der Sturzgläser, in Braten geteilt. Man reibt dieselben mit Salz und Pfeffer ein, spickt sie, brät sie in Butter an, gibt die nötige Zwiebel hinzu und brät die Braten durch, indem man nach und nach frische Kalbsbrühe (aus dem kleingeschlagenen, angebratenen Keulenknochen) hinzugießt. Dann drückt man die Braten fest in Sturzgläser, übergießt mit der durchgesiebten Sauce, füllt, wenn das Fleisch noch unbedeckt ist, mit geschmolzenem Fett auf und sterilisiert 60 Minuten bei 100°.

Rehkeule

Eine Rehkeule wird ausgebeint, mit Salz eingerieben, der Größe der Sturzgläser entsprechend fest gerollt, zu Braten geformt und gespickt. Dann brät man das Fleisch in Butter an, gibt Zwiebel und den klein gehackten Keulenknochen hinzu und brät das Fleisch unter fortwährendem Begießen gar, indem man nach und nach etwas Gallerte an die Sauce gibt. Dann drückt man das Fleisch in Sturzgläser, übergießt mit der Sauce, füllt, wenn nötig, mit geschmolzener Butter auf und sterilisiert 60 Minuten bei 100°.

Rehragout

Ein Rehblatt wird ausgebeint und in halbfingerlange und zweifingerbreite Stücke geschnitten. Dann brät man dieselben in Butter von allen Seiten braun, streut Salz und Pfeffer über das Fleisch, gibt fein geschnittene Zwiebel hinzu (nach Geschmack mehr oder weniger), gießt aufgelöste Gallerte an das Fleisch und dämpft es langsam 1 1/2 Stunden. Dann füllt man es in ein Sturzglas und sterilisiert 60 Minuten bei 100°. Beim Gebrauche wird das Fleisch im Glase erwärmt. Mehl wird in Butter gar gemacht, mit der abgegossenen Sauce aufgekocht und das Ragout darin durchgeschwenkt. Sollte es nicht die gewünschte goldbraune Färbung haben, so hilft man mit Zuckerfarbe nach.

Roastbratel

Schöne, zweifingerdicke Rumpsteaks werden von Haut und Fett befreit, mit Salz und Paprika eingerieben und mit halb Fett, halb Butter von beiden Seiten angebraten. Man legt sie in einen Behälter, gießt etwas frisch gekochte Kalbsknochenbrühe hinzu und reichlich in feine Scheiben geschnittene Zwiebeln (um jedes Rumpsteak mehrere Zwiebeln) und dünstet das Fleisch unter fortwährendem Wenden und Begießen weich (etwa l Stunde). Dann schneidet man die Roastbratel – je nach der Größe – in zwei oder drei Stücke, packt sie abwechselnd mit den Zwiebeln in Sturzgläser und übergießt sie mit der Sauce. Sterilisationsdauer: 60 Minuten bei 100°.

Beim Gebrauche wird das Fleisch im Glase erhitzt. Die Sauce wird mit Stärkemehl und saurer Sahne aufgekocht und über den Fleischstücken angerichtet.

Jus von Bratenknochen

Bratenknochen (Kalbsbraten, Roastbeef, Geflügel usw.) werden klein gehackt und mit Butter angebraten. Mit Zusatz von ganz wenig Wasser lässt man sie im Bratofen durchaus braun werden, füllt mit Wasser auf und gibt Karotte, Sellerie, Lauch und Zwiebel hinzu – wünscht man die Jus sehr dunkel, einige gebräunte Schoten oder Zwiebelscheiben – und lässt die Brühe 1 – 2 Tage im heißen Bratofen im Bräter kochen. Durch ein Haarsieb gegossen, wird die erkaltete Brühe entfettet, gesalzen, in Gläser gefüllt und 60 Minuten bei 100° sterilisiert.

Zu gebrauchen: 1. als Suppe, 2. zu Saucen, 3. zum Fertigstellen von Gemüsen.

Kartoffelsuppe

Kartoffeln werden geschält, geviertelt und in reichlich kaltem Wasser aufs Feuer gebracht. Dann fügt man Salz hinzu, ein Stück Sellerie, Mohrrübe und Lauch und reichlich in Butter gedämpfte Zwiebelscheiben und kocht die Kartoffeln weich. Darauf hebt man das Suppengewürz aus der Suppe, streicht diese durch ein Sieb und sterilisiert sie 90 Minuten bei 100°.

Beim Gebrauche wird die Suppe im Glase erwärmt und mit einem Stückchen frischer Butter verrührt.

Kalbsnierensuppe

Eine Kalbsniere wird fein gewiegt und in Butter abgedämpft. Dann fügt man 1 ½ Liter Wasser hinzu, Salz und das nötige Wurzelwerk und kocht die Suppe langsam 2 Stunden. Darauf gießt man sie durch ein Haarsieb, gibt zwei Esslöffel halb gar gekochten Reis hinein und sterilisiert 60 Minuten bei 100°.

Ochsenschwanzsuppe (4 Personen)

Ein Ochsenschwanz (2 Pfund) wird gewaschen, in zweifingerbreite Stücke geschnitten und mit ein Viertel Sellerie, einem Stück Mohrrübe und Lauch, einer Zwiebel und 70 g klein geschnittenem rohen Schinken in Butter angebräunt. Dann füllt man die Suppe mit 1 3/4 Liter Wasser auf, gibt zwei zerschlagene Kalbsfüße hinzu, etwas Salz, Pfefferkörner und zwei Gewürznelken und lässt die Suppe langsam 2½–3 Stunden kochen. (Der Ochsenschwanz muss weich sein, doch darf das Fleisch nicht zerfallen.) Dann gibt man die Suppe durch ein Haarsieb, lässt sie erkalten, entfettet sie, kocht die Brühe nochmals auf und würzt sie mit etwas Cayenne-Pfeffer, 1 Teelöffel Fleischextrakt, 1/2 Teelöffel Maggis Würze und einem Glas Madeira. Die Fleischstückchen werden von Fett und Knorpeln gelöst, in Stückchen geschnitten und in die Suppe gegeben, die man sofort sterilisiert, eine Stunde bei 100°.

Beim Gebrauche lässt man die Suppe klar oder vermischt sie mit sterilisiertem Tapioka (4 Esslöffel voll auf diese Portion).

Hühnerragout

Ein Ragouthuhn (nicht mit den alten Suppenhühnern zu verwechseln) wird mit warmem Wasser aufs Feuer gesetzt. Dann fügt man Salz hinzu und einen zerschlagenen Kalbsfuß sowie ein Stückchen Sellerie, Lauch und Zwiebel, und kocht das Huhn langsam weich. Dann nimmt man es aus der Brühe, zieht die Haut von Brust und Beinen ab, tranchiert das Huhn mit den Knochen, die Brust in vier Teile, jedes Bein in zwei, den Rücken lässt man zurück. Dann drückt man das Fleisch fest in ein Glas, übergießt es mit der durchgesiebten Brühe und sterilisiert.

Gebratene Hahnen

Junge Hahnen werden zum Braten vorgerichtet und mit Salz eingerieben. Man brät sie in Butter an, gibt Zwiebel und das gereinigte Ausgenehmsel (Herz, Magen, Leber, Hals und Kopf) an die Sauce und brät die Hahnen unter fortwährendem Begießen gar. Entweder gibt man während des Bratens frisch gekochte Kalbsknochenbrühe an die Hahnen, damit die Sauce gallertiert, oder man gießt Wasser bei und gießt vor dem Sterilisieren die Hahnen mit Schmelzbutter oder Palmin ein. Sterilisationsdauer: 60 Minuten bei 100°.

Gebratene Enten mit Trüffelfüllung

Zwei Enten werden zum Braten vorgerichtet, innen und außen mit Salz eingerieben und mit folgender Farce gefüllt: 50 g Butter werden zu Schaum gerührt, mit 3 ganzen Eiern, einem halben eingeweichten, fein gewiegten Brötchen, fünf gewiegten Trüffeln, Salz, Pfeffer, etwas geriebener Zwiebel und den durch ein Haarsieb gestrichenen Entenlebern tüchtig verarbeitet und dann mit 1 Pfund frisch gehacktem Schweinefleisch innig vermischt. Man brät die Enten in Butter oder Palmin an, gibt Zwiebel und das gut gereinigte Entenklein hinzu und brät die Enten gar, indem man nach und nach etwas Wasser zusetzt.

Dann nimmt man sie aus der Bratpfanne, zerschneidet sie mit der Geflügelschere, übergießt sie mit der Sauce – die man nicht entfettet – und sterilisiert 60 Min. bei 100°.

Die Farce wird unzerschnitten für sich allein sterilisiert, 60 Min. bei 100°. Beim Gebrauche erwärmt man die Enten im Glase, richtet sie mit der ebenfalls erwärmten tranchierten Farce schön an und übergießt das Ganze mit der gebundenen entfetteten Sauce.

Gebratene Poularde

Eine Poularde wird bratfertig gemacht, mit Salz eingerieben und in Butter angebraten. Herz, Magen und Leber, sowie ein Stück Zwiebel fügt man hinzu, gibt statt Wasser frische Kalbsknochenbrühe oder Gallerte an das Geflügel und brät es unter fortwährendem Begießen goldgelb (1/2 bis 1 Stunde). Dann tranchiert man die Poularde, legt die Stücke in ein Fleischglas, übergießt mit durchgesiebter Sauce und sterilisiert 60 Minuten bei 100°.

Leberwurst

Zwei Schweinslebern, zwei Pfund weißes Bauchfleisch, zwei Pfund Kalbslunge, ein Pfund Fett (Griff), Gewürz.

Die Leber wird 10 Minuten lang in kochendem Wasser gebrüht, dann durch die Fleischmaschine getrieben. Dann gibt man das übrige Fleisch und Fett in das heiße Wasser und lässt es die angegebene Zeit kochen: das Fett eine halbe, die Lunge drei viertel, das Bauchfleisch eine Stunde. Dann nimmt man alles aus der Brühe und lässt es verkühlen. Die Lunge wird durch die Fleischmaschine getrieben und zu der Leber gegeben. Fett und Bauchfleisch werden in ganz kleine Würfel geschnitten, auf ein feines Sieb gelegt und mit kochender Brühe übergossen, damit die Wurst beim Schneiden nicht schmiert. Dann wird alles Fett und Fleisch – auch das bereits durchgetriebene – durch die Fleischmaschine getrieben. Darauf fügt man folgendes Gewürz hinzu: etwa 100 g Salz, 5 g pulverisierten Thymian, 9 g Majoran, 3 g gemischtes Pastetengewürz und eine Messerspitze Nelkenpfeffer und 5 g gestoßenen weißen Pfeffer, gießt ein Viertelliter Brühe zu der Masse und knetet diese tüchtig durch. Dann füllt man die Wurstmasse in eingefettete Sturzgläser und sterilisiert 120 Minuten bei 100°.

Blutwurst

Ein Pfund Schwarte, ein Pfund weißes Bauchfleisch, ein Pfund Rückenspeck, Gewürz, 3/8 Liter Schweineblut. Schwarte, Bauchfleisch und Speck werden eine Stunde lang gekocht. Die Schwarten werden lauwarm dreimal durch die Fleischmaschine getrieben, Speck und Fleisch verkühlt, in ganz feine Würfel geschnitten und mit kochender Brühe abgeschwenkt (man tut sie zu diesem Zweck auf ein Sieb). Dann mischt man die erwärmte Schwarte mit Speckwürfeln und Schweineblut, gibt Salz, Pfeffer, Majoran, Thymian und Nelkenpfeffer an die Masse, arbeitet diese tüchtig durch, füllt sie in mit Butter ausgestrichene Sturzgläser und sterilisiert 2 Stunden bei 100°.

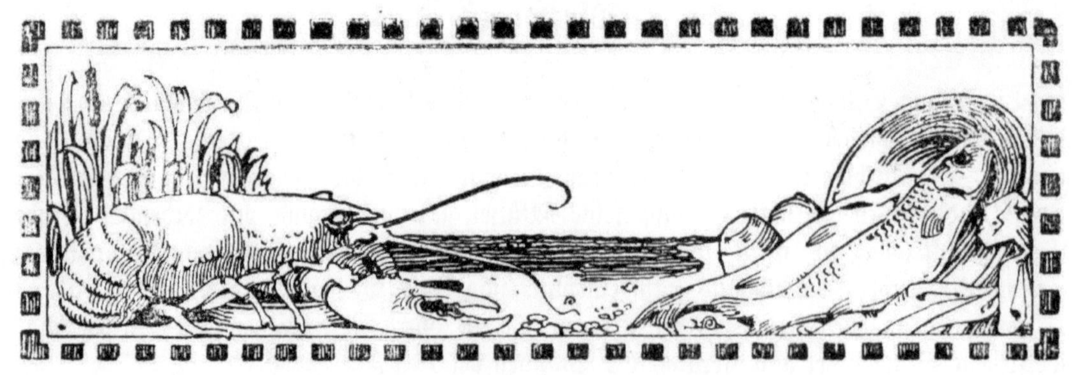

Das Einlegen der Fische,
Krusten= und Schaltiere

Wenn es irgendwo gilt, dass die Nahrungsmittel, welche frisch gehalten werden sollen, in tadelloser, gesunder Verfassung sein müssen, so gilt dies in erster Linie von Fischen, Krusten= und Schaltieren. Lebendfrisch müssen diese sein, wenn sie zur Verwendung kommen.

1. Vorbemerkung

Gekochter Fisch

Der Fisch wird in Portionsstücke geteilt, die der Größe der Sturzgläser angepasst sind. Dann setzt man den gut gereinigten Fisch mit kaltem Wasser aufs Feuer, gibt Salz hinzu und nach Geschmack einen Guss Essig, Pfefferkörner, Gewürznelken, Lorbeerblätter, Zwiebelscheiben und lässt den Fisch nahezu zum Kochen kommen, hebt ihn aus der Brühe, legt ihn vorsichtig in Gläser, gießt den Fischsud durch ein Haarsieb über die Fischstücke und sterilisiert 30 Minuten bei 100°.

Kabeljau (gekocht), Schellfisch, Zander, Hecht. Karpfen siehe: Gekochter Fisch

Gebackener Fisch

Der Fisch wird aus Haut und Gräten gelöst und in zweifingerbreite, fingerlange Stücke geschnitten. Dann bestreut man die Fischstücke mit Salz und Pfeffer, taucht sie in Mehl, bestreicht sie mit geschlagenem Ei und paniert sie mit Paniermehl, das man mit Pfeffer und Salz gemischt hat, und backt sie in schwimmender Butter oder Palmin goldgelb. Dann legt man die Fischstücke auf weißes Papier, lässt sie abtropfen und völlig erkalten. Darauf füllt man sie in Gläser und sterilisiert 30 Min. bei 100°.

Beim Gebrauche wird der Fisch kalt aus dem Glase genommen und in heißer Butter oder Palmin erwärmt.

Kabeljau, Schellfisch, Soles, Halbsoles, Scholle. Zander siehe: Gebackener Fisch

2. Rezepte

Maifisch in Gelee

Aus drei Kalbsfüßen, drei Schweinsfüßen und einem Pfund Schwarte wird eine Schwartengallerte gekocht. Die Gallerte lässt man erstarren, entfettet sie, löst sie im Wasserbade auf und gießt sie ungeklärt über 3 Pfund zu schönen Scheiben geschnittenen Maifisch. Dann fügt man Salz, Pfefferkörner, Gewürznelken, ein Lorbeerblatt und einige Zwiebelscheiben sowie 1/4 Liter Weinessig hinzu und kocht den Fisch langsam gar. Die Fischstücke werden aus der Brühe genommen, kaltgestellt und in kaltem Wasser abgeschwenkt. Dann legt man sie in Sturzgläser, übergießt mit der Gallerte, die man mit einem halben Teelöffel Maggis Würze würzt und mit den Schalen und dem Weißen von 6 Eiern geklärt hat. Sterilisationsdauer: 30 Minuten bei 100°.

Fischsalat

Fisch jeder Art (Flussfisch hat den feinsten Geschmack) wird gargekocht, von Haut und Gräten befreit, vorsichtig zerpflückt und in Gläser gefüllt. Dann übergießt man mit Essigwasser und sterilisiert 30 Minuten bei 100°.

Beim Gebrauche gibt man den Fisch auf ein Sieb. Wenn er gut abgerufen, macht man ihn wie anderen Salat zurecht. Oder man übergießt den Fisch mit einer Mayonnaisesauce und garniert mit hartgekochten Eiern.

Krebsbutter

25 große Suppenkrebse werden in kochendes Wasser geworfen. Dann reinigt man sie von Darm und Galle, löst die Schwänze aus (diese werden beiseite gestellt) und zerstößt alle Schalen im Mörser. Dann lässt man ein Pfund frische Butter sehr heiß werden, ohne dass sie sich bräunt, gibt die Krebsschalen in die Butter und röstet sie etwa eine halbe Stunde an der Seite des Feuers an. Dann gießt man 1 Liter Wasser hinzu, lässt die Schalen eine Stunde lang langsam kochen, hebt alle sich ansammelnde Butter ab, füllt die Gläser und sterilisiert 60 Minuten bei 100°.

Krebsschwänze

Aus abgekochten Krebsen werden die Schwänze ausgelöst. Man achte genau darauf, dass der Darm gut entfernt wird. Dann wäscht man die Krebsschwänze schnell ab, gibt sie in Gläser, übergießt sie mit Krebsbutter oder sehr leicht gesalzenem Wasser und sterilisiert 60 Minuten bei 100°.

Hummer

Tadellos frischer Hummer wird abgekocht. Dann löst man das Hummerfleisch vorsichtig aus den Schalen, gibt es in Sturzgläser – so fest wie möglich –, füllt mit ganz leicht gesalzenem abgekochtem Wasser auf und sterilisiert 60 Minuten bei 100°.

Das Einlegen von Zutaten

Beim Durchlesen eines Kochbuches, auch durch praktisches Kochen, wird man herausfinden, dass verschiedene Stoffe immer wieder in der gleichen Verbindung und Vorbereitung vorkommen. Diese Tatsache hat dazu geführt, Versuchte zu machen, ob sich auch derartige Verbindungen vorrätig herstellen und einmachen lassen, und diese Versuche sind gelungen. Die nachstehenden Rezepte geben einige Proben davon:

Einbrennmassen

Zu einer ganzen Menge von Speisen und Saucen werden die so genannten Einbrennmassen, d. h. in Butter oder sonstigem Fett, weiß, gelb oder braun geröstetes Mehl, gebraucht. Da dieses Rösten (Abschwitzen) des Mehles ziemlich zeitraubend ist und große Aufmerksamkeit verlangt, so empfiehlt es sich, gleich größere Mengen davon herzustellen und zu sterilisieren. Zur Bereitung der Mehlschwitze nimmt man am besten ein niedriges gusseisernes Gefäß, macht darin das Fett heiß, gibt das gesiebte Mehl dazu und rührt das Ganze glatt. Hierauf schiebt man das Gefäß in die nicht zu heiße Backröhre, macht jedoch deren Tür nicht vollständig zu. In kleinen Zwischenräumen wird die Masse umgerührt, damit sie sich gleichmäßig färbt. Wer keine geeignete Backröhre hat, kann dieses Rösten des Mehles auch auf der heißen Platte vornehmen, nur muss hier fortwährend gerührt werden, damit das Mehl nicht anbrennt. Sowie die Einbrenne die richtige Farbe hat, nimmt man das Gefäß vom Herde weg und lässt die Masse darin unter zeitweiligem Umrühren erkalten. Nun füllt man damit die Gläser (am besten 1/4 oder l/3 Liter) bis 2 cm vom oberen Rande und sterilisiert 60 Minuten bei 100°. Nach dem Erkalten der Gläser wird sich oben auf der Masse eine dünne Fettschicht zeigen, welche man beim Gebrauche abschabt und zum Backfett tut.

1. **W e i ß e   E i n b r e n n m a s s e :** 300 g Mehl und 250 g Butter werden auf der heißen Platte (nicht in der Backröhre) unter fortwährendem Umrühren weiß geröstet.

2. **G e l b e   E i n b r e n n m a s s e :** Verhältnis: 600 g Fett (Schweineschmalz, Kokosnussfett oder ähnliches) und 1 kg Mehl. Man röste so lange auf der heißen Platte oder in der Backröhre, bis die Masse gelbbraun aussieht.

3. **B r a u n e   E i n b r e n n m a s s e :** Wie gelbe Einbrennmasse, nur lässt man die Masse hier schön kastanienbraun werden.

Gedämpfte Zwiebeln

Die gedämpften Zwiebeln sind ein Bestandteil von vielen Speisen (namentlich von Klößen, Saucen usw.); auch sie können vorrätig hergestellt und sterilisiert werden.

Man hackt oder wiegt die Zwiebeln ganz fein und dämpft sie in heißer Butter oder sonstigem Fett weich. So vorbereitet, lässt man die gedämpften Zwiebeln auskühlen, füllt sie in die Gläser (1/3 oder 1/4 Liter-Gläser sind am zweckmäßigsten) bis 2 cm vom oberen Rand und sterilisiert 10 Minuten bei 100°.

Der Fortschritt auf dem Gebiete des Sterilisierens

Wir schreiten auf dem Frischhaltungsgebiete immer weiter fort. Jede Frischhalterin weiß von Zeit zu Zeit von eigens erprobten vorteilhaften Rezepten zu berichten, die durch einen regen Austausch untereinander Verbreitung finden.

Die Sterilisierung und Pasteurisierung der Milch

Eines der gesündesten Nahrungsmittel ist die Milch, deren Verwendung im Haushalt eine sehr weit gehende ist. Weil sie sehr leicht dem Verderben ausgesetzt ist, muss ihre Behandlung eine besonders sorgfältige sein.

Die Gefahren des Milchgenusses liegen hauptsächlich darin, dass die Behandlung der Milch in vielen Fällen in den Stallungen und auf dem Transport nicht sorgfältig ist, dass das Milch gebende Vieh nicht auf seine Gesundheit untersucht wird, und dass die Fütterung des Viehs eine nicht rationelle und richtige ist. Leider lassen sich diese Umstände in vielen, wenn nicht in den meisten Fällen nicht kontrollieren. Es empfiehlt sich daher, die Milch durch Pasteurisieren oder Sterilisieren für den Genuss unschädlich zu machen. Es ist nun ein Übelstand, dass sterilisierte Milch (hierzu ist eine Temperatur von 100° erforderlich), namentlich dann, wenn die Dauer dieses Prozesses, um eine größere Haltbarkeit zu erzielen, eine erhebliche ist, einen Kochgeschmack annimmt. In den Haushaltungen handelt es sich aber in den meisten Fällen wohl nur darum, die Milch für wenige Tage frisch zu erhalten, und da genügt das Pasteurisieren, zumal da bei der hier in Betracht kommenden Temperaturerhitzung bis zu 80° die Krankheitskeime abgetötet werden und der Kochgeschmack vermieden wird.

Die Milch wird einfach in die Flaschen gefüllt und zu diesem Zweck im Apparat auf 80° erhitzt und auf dieser Temperatur bei den kleinen Flaschen Nr. 8, 8A, 8B und 8F 10 Minuten, bei den Flaschen Nr. 8D 15 Minuten und bei denjenigen Nr. 8C und 8E 20 Minuten lang gehalten.

Beim Sterilisieren der Milch wird sie in den kleinen Flaschen 8, 8A, 8B und 8F 60 Minuten, bei den Flaschen 8D 90 Minuten und bei den Flaschen 8C und 8E 120 Minuten auf 100° erhitzt. Geschieht dies, so hält sich gute Milch monatelang. Bei der Säuglingsmilch empfehlen wir vor allen Dingen das Pasteurisieren der Milch. Die Zusätze an Wasser, Milchzucker usw. bespricht man am besten mit einem Arzt, da hierbei die Zusammensetzung der Milch, namentlich ihr Fettgehalt, mitbestimmend ist, und diese Faktoren nach Rasse, Futter und Gegend verschieden sind.

Das Nachsterilisieren aufgegangener oder angebrochener Gläser

Die Frage, ob ein aufgegangenes oder angebrochenes Glas wieder zusterilisiert werden kann, muss dahin beantwortet werden, dass dies ganz von der Beschaffenheit des Inhaltes abhängt.

1. Ein Glas, das gleich beim ersten Sterilisieren nach dem Herausnehmen aus dem Apparat nicht geschlossen hat, dessen Inhalt also noch tadellos frisch ist, wird am besten wieder zusterilisiert. Nur suche man zu ermitteln, was der Fehler war. Vielleicht saß der Deckel nicht richtig auf dem Gummiring, oder es ist ein Schaden an dem Schliff des Glases oder des Deckels. Wenn etwas an den Gläsern nicht in Ordnung ist, so muss das betreffende Stück ausgeschieden und durch ein anderes ersetzt werden.

2. Ist ein Glas erst nach einiger Zeit wieder aufgegangen, vielleicht nach Tagen, Wochen oder gar Monaten, so lag der Fehler wahrscheinlich am Einkochen. In diesem Falle muss man den Inhalt untersuchen, ob Geruch und Geschmack noch einwandfrei sind. Wenn dies so ist, so sterilisiert man wieder zu oder verbraucht den Inhalt sofort.

3. Hat man ein Glas geöffnet und etwas herausgenommen, so kann man auch den Rest wieder sterilisieren, selbst wenn nur noch ganz wenig im Glase ist.

Das Nachsterilisieren geschieht dadurch, dass man das Glas in den Apparat einspannt oder Bügel und Schutzkörbchen dazu verwendet. Hierauf sterilisiert man die

Gläser unter Wasser bei 80 bzw. 100° C., je nach Inhalt, 20 Minuten. Beim Nach=
sterilisieren kann man Gläser jeder Höhe und Weite zusammenkochen.

Das geöffnete Glas

Es ist ein Gebot der Vorsicht, dass man selbstverständlich ebenso gut wie die
Nahrungsmittel, welche täglich frisch auf den Tisch des Hauses kommen, auch die frisch
gehaltenen Nahrungsmittel prüft, ob sie gesund sind.

Man hat die Prüfung leicht, da das Verderben der Konserven sich durch ihr Aussehen,
ihren Geschmack oder ihren Geruch kennzeichnet. Ein Verderben kommt nur selten vor, doch
erwähnen wir kurz, dass Blasenbildung in den Gläsern, bei Gallerten Verflüssigung des
Inhalts, bei Fleisch Rotwerden, Anzeichen der beginnenden Zersetzung sind. In den
weitaus meisten Fällen öffnen sich bei derartigen Erscheinungen die Gläser, und ist man
auch dadurch aufmerksam gemacht.

Frisch gehaltene Speisen, die nicht rein im Geschmack, oder die einen schlechten Geruch
haben, soll man ausscheiden. *Frischhalten* heißt eben, dass die Speisen genau wie gesunde,
frische Speisen schmecken sollen. Erweisen sich nach Öffnen des Glases die Speisen als
gesund, so braucht man das Glas nicht direkt zu verbrauchen, sondern kann, wie im vorigen
Abschnitt angegeben, das Glas nochmals zusterilisieren zu späterem Gebrauche. Man kann
es aber auch ruhig an einem kühlen Orte, einfach mit Ring und Deckel verschlossen, im
Winter etwa sechs Tage und im Sommer etwa zwei bis drei Tage stehen lassen und dann
erst den Inhalt verwenden. Empfehlenswerter ist natürlich, den Inhalt eines Glases stets
sofort ganz zu verbrauchen.

Das Versenden gefüllter Gläser

Man wickelt die zu versendenden Gläser mehrfach in Zeitungspapier ein. Auf den
Boden einer starken Kiste macht man eine gute Unterlage von Holzwolle; darauf stellt man
die Gläser aufrecht. Nun stopfe man den Raum zwischen den Gläsern und der Kiste
ebenfalls dicht mit Holzwolle aus und dann die Zwischenräume zwischen den Gläsern.
Dies macht man am besten mit dem Hammerstiel oder einem starken Rührlöffel. Die
Holzwolle muss so fest gepackt sein, dass man die Gläser absolut nicht schütteln kann.
Oben auf die Gläser presst man ebenfalls Holzwolle, bis der ganze obere Raum dicht aus=
gefüllt ist und man den Deckel der Kiste beim Zunageln mit Gewalt niederdrücken muss.

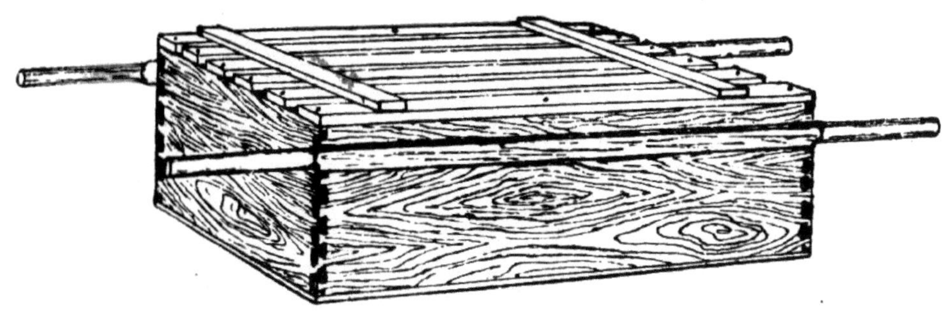

Man wähle die Kisten so, dass in eine etwa 12 Gläser hineingehen (von 2 Liter-Gläsern weniger). Von den niederen Fleischgläsern kann man auch zwei Lagen übereinander packen, wobei man eine gute Zwischenlage von Holzwolle macht. Auf die Seiten der Kisten schreibt man *Vorsicht Glas!* und auf den Deckel *Oben, Nicht stürzen!*

Auf diese Weise verpackt, sind schon viele Tausende von Gläsern versandt worden, ohne dass Bruch zu verzeichnen war. Will man besondere Vorsicht anwenden, um die Konserven bei dem Transport zu schützen, so empfiehlt es sich, Kisten, wie in der vorstehenden Abbildung gezeichnet, zu verwenden, da die Handhabung für das befördernde Personal bequemer und ein Stürzen der Kisten sozusagen ausgeschlossen ist.

Bei dieser Art der Verpackung braucht die obere Lage Holzwolle nicht so stark zu sein wie bei gewöhnlichen Kisten. Man kann eine solche Kiste sehr leicht selbst herstellen, da man nur an eine gewöhnliche Kiste die Handhaben anzubringen und einen Lattendeckel zu verwenden braucht.